《实践书写》编委会

治理创新丛书

实践书写

Writing practice

深圳社工专业实务指引

深圳市南山区社会工作协会/编

南方日报出版社
NANFANG DAILY PRESS
中国·广州

图书在版编目（CIP）数据

实践书写 ：深圳社工专业实务指引 / 深圳市南山区社会工作协会编. —广州 ：南方日报出版社，2013.5
ISBN 978-7-5491-0792-6

Ⅰ. ①实… Ⅱ. ①深… Ⅲ. ①社会工作－经验－深圳市 Ⅳ. ①D632

中国版本图书馆CIP数据核字(2013)第042399号

SHIJIAN SHUXIE
实践书写——深圳社工专业实务指引　　深圳市南山区社会工作协会 编

出版发行：南方日报出版社
地　　址：广州市广州大道中289号
电　　话：（020）83000502
经　　销：全国新华书店
印　　刷：广东信源彩色印务有限公司
开　　本：787mm×1092mm 1/16
印　　张：10　彩插：0.75
字　　数：150千字
版　　次：2013年5月第1版
印　　次：2013年5月第1次印刷
定　　价：28.00元

投稿热线：（020）83000503　读者热线：（020）83000502

网址：http://www.nfdailypress.com/

□ 2012年1月6日，在深圳市南山区第六届人民代表大会第一次会议上，南山区区委书记李小甘（左一）当选人大常委会主任，南山社工、区人大代表廖文君作为代表为李小甘主任颁发当选证书。

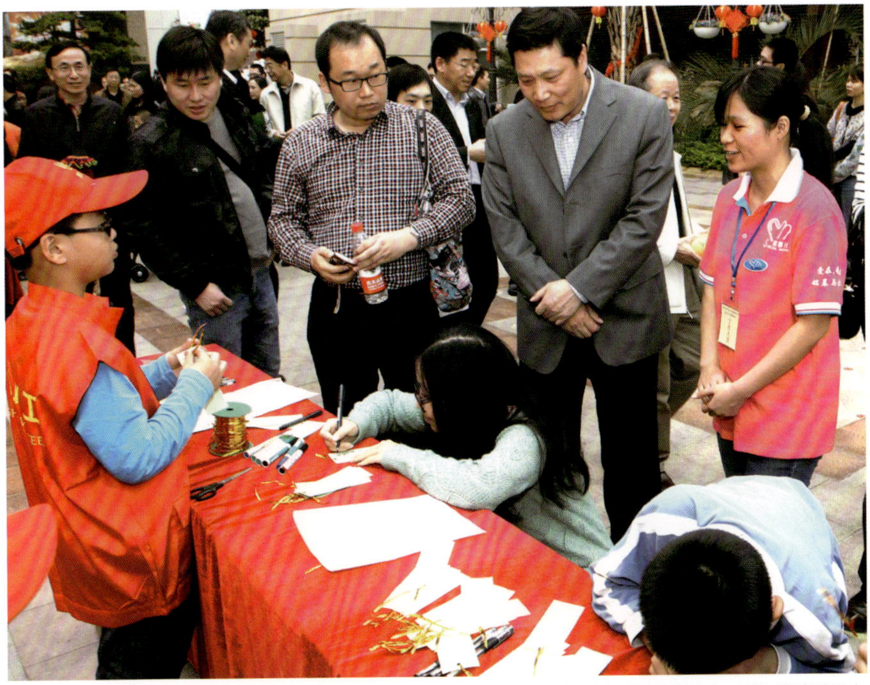

□ 2013年元宵节，深圳市南山区区委副书记、区长余新国（右二）参加社区邻里节活动。图为活动现场南山社工向余新国区长介绍针对居民开展的专业服务。

□ 2008年1月26日，时任深圳市南山区区委书记（现任深圳市社会工作委员会专职副主任）叶民辉（右一）在春节前到社区慰问社工，并就南山区社会工作人才队伍建设、和谐社区建设等话题与社工们进行了座谈。

□ 2009年，时任深圳市南山区区委副书记、区长（现任福田区区委书记、人大常委会主任）刘庆生（左一）看望社区老年人，并就“社工如何开展为老服务”进行交谈。

□ 2007年，深圳市南山区面向全国40余所高校公开招聘了95名专业社工。图为全体社工在南山区委党校进行岗前培训时与叶民辉（前排正中）、胡锦（前排右四，深圳市南山区区委副书记、政法委书记）合影留念。

□ 2012年3月25日，深圳市南山区副区长罗育德（右三）、深圳市民政局社工处处长骆冰（右一）和南山区民政局局长张建平（右二）出席南山区第五届社工宣传周系列活动启动仪式。此次宣传周的主题是“南山社工与您携手共筑幸福家园”，系列活动共90余场。

□ 2009年4月18日，深圳市南山区社工协会在南山书城启动了第二届南山区社工宣传周，此次宣传周的主题是“南山社工与你携手同行晴雨路”。

□ 2010年4月17日，深圳市南山区第三届“社工宣传周”系列活动启动仪式在深圳湾大街海德广场举行，来自全区150余名社工向社会郑重承诺：有困难，找社工！

□ 2011年，在主题为“从这里开始，社工向大运出发”的深圳市南山区第四届社工宣传周上，社工耐心地向市民介绍专业服务。

□ 2012年3月25日，在深圳市南山区第五届社工宣传周上，南山社工通过歌声表达与居民共筑幸福家园的美好祝愿。

□ 2008年，南山社工为一位19岁的抑郁症青年提供个案辅导。

□ 2009年，南山社工在"社工+义工"联动模式创新中，专门为某企业员工开展减压小组活动。

□ 2011年10月22日，南山社工组织深圳市南山区西丽街道茶光村居民开展“金秋十月，相约山水”塘朗山登山活动。看，居民们笑得多么开心！

□ 2012年，深圳市南山区社会工作协会邀请香港督导开展“游戏治疗及应用工作坊”。

□ 2012年7月，深圳市南山区社工协会党支部在位于蛇口街道的民办小学——东湾小学开展专业服务活动。

□ 2012年9月，南山社工在社区举行“你的多余，我的需要”大型社区跳蚤市场活动。

序 一

坚持梦想　一路向前

□罗育德

欣闻南山区社会工作协会组织编撰的《实践书写》一书即将出版，我感到非常高兴。一群充满热情的大学生从五湖四海来到深圳湾畔，南山脚下，历经五载，扎根社区，服务居民，成为南山建设宜居宜业的国际化海滨城区的一支专业力量。现在，他们思考、总结过往的工作，以先行者的身份，为大家献上了这本用实践与汗水写成的书，期望能为大家提供一些帮助和支持。

社会工作是工业化和现代文明的产物。它的出现，代表着社会发展到了一定的水平和阶段。党的十六届六中全会提出，“建立一支宏大的社会工作人才队伍是构建社会主义和谐社会的迫切需要”。它指明了在未来一个相当长的时间里，社会的发展方向是以人为本，关注人民的需求，提高人民的福祉。在这个过程中，一支具有专业水平和素质的社会工作者队伍尤为重要。

2007年，南山区在全国率先建立起了由95名国内一流大学社会工作及其相关专业的优秀毕业生组成的社会工作者队伍，并按照“一社区一社工”的模式，安排社工服务一线，服务基层。他们践行南山“创新、务实、高效、和谐”的时代精神，怀抱着救助贫困、维护平等、守护和谐的理想信念，承担起改善基本民生、解决社会问题、促进社会和谐的专业职责，在中国社会工作本土化的探索之路上，勇于创新、大胆实践，逐步树立起南山社工的品牌形象。作为全国社会工作起步最早的地区，五年来，先后有多个省、市、地区围绕社会工作人才队伍建设这个主题到南山来交流、学习。南山区乐于与大家分享成果、总结经验、共谋发展。从这个角度说，这本书的出版显得更为有意义。

党的十八大报告明确提出要“加强社会建设”、“创新社会管理”、“改进政府提供公共服务方式”，这些都与社会工作息息相关。虽然南山社会工作起步早，获得了一些经验，但从社会工作发展的阶段来看，尚处于起步时期，有许多的问题和不足，需要思考，需要改进。在南山全力建设宜居宜业的国际化海滨城区的过程中，社会工作者提供的专业化服务，既是居民安居乐业的重要保障，也是国际化的明确要求。未来，我们将继续加大力度创新基层社会管理，构建社区、社工、社会组织“三社”联动的服务管理机制，不断推动社会建设向前发展。

社工，是一群年轻的朋友，在深圳、在南山，在这片热土上为梦想挥洒青春。莫听穿林打叶声，何妨吟啸且徐行！希望各位社会工作者在下一个五年、下一个十年，不断用实践书写南山社会工作发展更美好的篇章！

（作者系深圳市南山区副区长）

序 二

深港合作　携手前行

□陈圣光

为贯彻落实《中共中央关于构建社会主义和谐社会若干重大问题的决定》精神，努力造就一支结构合理、素质优良的社会工作人才队伍，深圳市致力于建设具有深圳特色的社会工作制度体系。在建设的过程中，社会服务发展研究中心有幸参与这项历史性的光荣任务，在这近五年的时间派出超过100名资深的香港督导，赴深圳展开督导工作，共同创建深圳社会工作服务体系，确是难得的合作经验。

社会服务发展研究中心于15年前在香港成立，主要是由一群从事社会福利服务工作、负责行政的社会工作者倡导和发起。1997年，香港回归祖国，在“一国两制”、“港人治港”的原则下，特别是在迈进新世纪时，因两地文化互动、社会建设的需要，加强服务经验交流，促进社会服务配合，彼此之间作出相互的承担和贡献非常重要。同时，这种交流与合作对两地社会福利服务的发展，都有莫大的裨益。社会服务发展研究中心作为一个爱国爱港的机构，在推动香港社会福利服务界关注国家社会福利服务发展上不遗余力，与深圳先行先试，探索内地社会工作的发展路径。

社会服务发展研究中心与深圳市南山区社会工作协会合作，提供了优秀的督导人才，在指导一线工作之余，亦协助培养本土督导人才。社会服务发展研究中心督导引进了香港的经验，把常用的服务表格、统计表格和评估表格引入给南山区的社工学习借鉴，加强了服务的完整记录和规范，有助发展更专业的社工服务。引入的表格不一定全部适用于深圳市，因而把有关表格作本土化的修订是极为需要的，在香港督导和本土社工的努力下，三套适合深圳社工使用的表格已作出本土化经验的修订，对日后的工作有莫大的帮助。深圳市南山区社会工作协会为了把有关宝贵的成果与其他人分享，把有关的表格修撰成书，对内地的社会工作发展起着承前启后的作用。在此，本人代表社会服务发展研究中心同仁祝贺《实践书写》一书的出版，深信南山区的社工发展有更大的突破。

（作者系香港社会服务发展研究中心副主席、深圳督导计划工作小组主席）

目 录

| 前 言 |

这是一本关于什么的书

□何珊珊

当我们开始编撰这本书的时候，有个问题就一直萦绕在我的心上：这到底是一本关于什么的书呢？随着第一稿的出炉，我看到了“青春”两个字，像火焰般在跳动，燃烧着激情，燃烧着梦想。

这是一本关于青春的书

编者是12位年轻的社工加4位资深的香港社工督导，他们历时半年，编撰而成。也许半年只是整理的时间，其实这本书编了整整五年。2007年7月，那年的阳光特别灿烂。在深圳的大南山脚下，一群来自全国15个省份40余所高校的年轻人怀揣着同样的梦想在这里相聚，迎接他们的是南山区委区政府打造一支专业的社区社会工作者队伍的伟大构想。激情和梦想擦出了火花，在最初的几个月，这一群年轻人热烈讨论着十六届六中全会提出的“建设宏大的社会工作人才队伍，造就一支结构合理、素质优良的社会工作人才队伍，是构建社会主义和谐社会的迫切需要”。随着时间的推移，这群年轻人逐渐意识到纲领性文件的实施需要漫长的时间，才会真正落到实处。比如，社会上对“社工”这个职业了解的人少之又少；比如，大学里学的“社工知识”到了社区里仿佛没有了用武之地；比如，专业的“价值理念”似乎显得有些天真。这时，有些人离开了，留下的人也在迷茫中，那是青春所特有的一种迷茫，也许看不清前路，但又那样执着地坚持。转眼五年过去，准备大步迈入而立之年的我们不断有同伴失望地离开了，我们的坚守没有换来财富，甚至没能为我们赢得尊重，但每一滴汗水都凝结在这本书里，用于纪念我们无悔的青春。

虽然事关青春，但这本书并不是无病呻吟文字的堆砌，也许这里的文字并不华丽，图片也不怎么精美，但我们可以相当负责任地说，这是用实践写成的书：是我们希望和每一个实务工作者分享的内容，是我们在社会工作本土化实践上的每一步探索，是为中国社会工作发展所尽的绵薄之力。

这是一本关于实践的书

编撰是个艰难的过程。我们被分成了三组，分别负责档案编码及专业用表、汇报制度、考核与评估三个部分的编写。在实务工作中，我们不断地意识到规范的重要，它不但帮助我们更好地开展服务，同时也促使着我们不断地思考与前进。更重要的是，我们认为，这是将我们这些专业的社会工作者与没有接受过专业训练、依靠经验开展服务的实务性社会工作者区分的最大特征。以专业用表为例，当我们准备开启一个小组时，究竟要经过怎样的程序和思考，才能使小组动力获得最充分的体现，使每一个组员获得自己最大的需要，使小组的目标得以实现？如果你是一个刚刚开始从事社工工作的社工专业毕业生，这本书可以很好地帮助你走出实务工作的第一步；如果你是一个有一定经验的社工，这本书可以帮你反思过往工作的优劣；如果你是一名从事社会工作教育的老师，这本书可以告诉你一线社工们在做着怎样的实践。

档案编码是一个看上去不怎么复杂实际上非常重要的部分。依循国际惯例，我们会为服务对象保存档案7年，而在这7年中的每一天，规范细致、符合逻辑的档案编码规则，都可以使这些档案被很好地保存及在特定情况下被查阅。它会使我们的服务不因社工的改变而有损于其连贯性，也会最大限度地减少对服务对象的影响。我们期待更多的人可以加入到社会服务的行列中来，也希望我们的书可以为那些初用者或对数量庞大的个案、小组、社区活动的各种材料一筹莫展的同行们提供一些支持。

考核与评估部分是我们认为对社会工作本土化最大的贡献。专业评估必须要和实践相结合，否则就是纸上谈兵。在中国发展专业社会工作，其服务方式与手法都要符合国情实际，符合人们的需求。一味追求专业水准，忽略服务成效的评估，对社工是不够公允的。我们在过去5年的实践中，总结了一套符合自身实际的评估方法，它也许不完全适用于每一个地区（机构）的情况，但它是我们基于实践的一些经验，以供参考。

整个编撰过程不得不提及香港督导的帮助，专业与敬业是她们给我们最大的财富。社会工作作为一门应用性的专业，督导是其最大的特点之一。像师傅带徒弟一样，督导们从专业上给我们予以指导、从情感上给我们予以支持，保驾护航直到我们可以独自飞翔。丰富的从业经验使她们有着严谨的工作态度和严格的工作要求，也正是有她们的陪伴，我们才可以在专业的道路上一往无前。

这是一本关于专业的书

在这5年的从业过程中，我无数次地问自己这样一个问题：你说自己是专业人士，请问你的专业在哪里？我想很多社工同仁都曾问过自己同样的问题。的确，我们不是外科医生，不能用一把手术刀来证明自己掌握着他人没有的知识和技术；我们也不是软件工程师，不能靠一堆旁人无法理解的数字、字母、符号组合去实现一些想法。但社工这一职业，在经过了从自发的慈善行为到精细的职业分工的百年发展之后，早已成为深受人们爱戴与尊重的职业，是体现现代民主与文明不可或缺的组成部分。

而我认为最能体现专业的两个部分，即是价值与规范。社会工作作为一个强价值介入的专业，它要求从业者认同其专业的价值理念，包括尊重、接纳、不批判、案主自决等。服务对象更是涵盖了从个人到集体所有有需要的人群。我们以追求每一个人体面而有尊严的生活，社会的公平与正义为己任。每一个社工，其实只是庞大的社会服务群体中的一粒小水滴，但正是这样一个个秉持专业价值的从业者的坚守，最终才能构成一支高效、专业的社会服务队伍为人们分忧解难。这一切，都是中国社会发展到今天所必需的东西，这也是我们一直坚持专业的原因。在专业价值的指引下，在学科庞大的理论体系的支撑下，我们孜孜不倦地追求高效与规范，追求技巧与成效，忍受着不理解和无人问津，默默坚持着走专业之路。正如书中所展示出的，每一个个案、每一个小组、每一个社区活动、每一次社区走访，我们都尽力做到最规范、最合理，也许眼下没有人理解，但我们自己心中明白，我们正为专业发展奠定最小的基石。

如此多的困难，为何还在坚持？因为，这更关于，梦想。

这是一本关于梦想的书

修订了十余次的书稿放在手中沉甸甸的。关上会议室的门，才发现夜已深，我想把这本书送给每一位曾与我们并肩同行的朋友，告诉他，我们还在坚持梦想；送给每一位即将走向社会工作的朋友，告诉他，我们还在坚持梦想；送给每一位或嘲笑或同情过我们的朋友，告诉他，我们还在坚持梦想；送给每一位给予我们信心与帮助的朋友，告诉他，我们还在坚持梦想；送给每一位与我们一起在努力前行的朋友，告诉他，我们还在坚持梦想，与你一样。

2012年10月于深圳南山

作者简介：

何珊珊，女，香港理工大学社会工作硕士［MSW（china）］，深圳注册社工，中级社工师。现任深圳市南山区社会工作协会负责人，深圳市社会工作者协会副会长，深圳市南山区社会组织联合党支部书记，深圳市首届“十佳”优秀社工，深圳市人大代表。

第1章 督导的话

督导是社会工作专业体系一个重要的组成部分，是指通过由资深从业者对新进一线社工在实务、行政等方面的持续性的监督和指导，从而达到传授专业服务知识和技术，促进一线社工成长并保证其服务质量的活动。在我国，专业社会工作从2006年起才开始在全国的实务领域推进，行业非常缺乏实践经验丰富的资深社工。为解决这一难题，2010年，深圳市南山区借助地缘优势，从香港引进了四位资深的社工督导，她们在社工实务领域均有超过十年的工作经验。两年多来，在香港督导的悉心指导下，南山社工的实务能力和理论水平均获得了大幅提升，服务成效显著。本章内容是这四位督导在南山两年的体会以及她们想告诉我们的话。

确保质素　提升专业

□香港督导　黄翠珊

在过去近两年的深圳督导工作中，时常听到同事们感叹自己“不够专业”。但到底什么才是专业？要怎样才能表现出专业？

曾经听说：你喜欢喝咖啡，这叫兴趣；你通常比一般人轻松冲泡出美味的咖啡，这是专长；你能够通过咖啡的色、味、形、温分辨出咖啡的品种、产地，并对咖啡生成到制程的原理通透融会，自成一套学理，这是专家。专业呢？就是专家＋敬业=专业。

套用到社会服务当中：你喜欢接触人的工作，那是兴趣；你通常比一般人轻松地就能和人建立关系，那是专长；你能够辨别个体差异，将助人理论融入于工作（应用），在这过程中与服务使用者相互推动，彼此成长，及至印证学理，自成一格，这是专家。专业呢？就是专家＋敬业，看重自己、尊重我们的服务使用者。

要发展专业，就得先使自己有辨别差异、分析因由的能力。这些能力当然和社工的工作经验有关，但如果没有一个良好的记录和审视的机制，大家的判断也只会立于浮冰之上——我们难以向社会展示能力与成效，也难以将成果传承与分享。因此，标准化的记录其实是与服务水平和监管挂钩的。当服务质素得以确保后，才能保障服务使用者的福祉，我们才能谈得上专业。

在本书中，南山区社会工作协会建立的社工专业用表、档案管理制度、月/季/年汇报制度和2012年绩效考核方案及其设计的相应表格，编辑汇集，与业界分享。这份努力和付出，可见他们对推动深圳社工服务专业化发展的承担。整个过程中，十位督导助理都高度参与，并在过程中提升了专业水平，实在令人欣慰。

大家在参考使用这些表格的同时，也不要忘记表格本身只是一个工具，如厨师手上的刀，刀再好，也要一个懂炒菜的厨师。要工具发挥得好，不是在于工具设计有多完美，而是在于人本身。

作者简介：

黄翠珊女士，香港社会服务发展研究中心深圳社工督导计划督导。香港城市大学社会工作（一级荣誉）学士，英国伯明翰大学教育硕士。香港注册社工，从事社会工作14年，曾从事社区工作、青少年综合服务中心、机构发展管理工作及专上学院导师。近年致力于教育及培训工作。

今日的一二事　他朝的本土化

□香港督导　郭慧芳

绩效考核一般被视为最不讨好的工作，因为它是机构对员工决定加薪或升迁的依据。一个贴切、可靠、可行的考核制度，能有效地协助机构评估员工的工作表现，挖掘及发挥其潜能。香港和深圳有大量可参考的考核制度及相关表格，可是，这些是否可套用到每个机构？我有幸参与2011年和2012年南山社协的绩效考核制度的制定及修改工作，单是“评谁”和“谁评”这两个看起来简单却其实围绕着整个考核核心的问题，曾经引发不少讨论。南山社协有着比较多元化的人事组成，一线社工／行政社工、一线社工／督导助理、专业本科／非专业本科、初级社工／中级社工，该评谁？如何评？此外，甄选评估者的原则一般是“最了解被评估者的工作表现”，但面对深圳社工“多头管理”的情况，机构、督导助理、香港督导和用人单位之间，看似谁都了解，但其实谁也不敢说最了解。那么，该谁评？如何评？

任务交到这个四人小组——一位香港督导和三位督导助理，工作目标是完善机构原有的绩效考核制度。三个月的工作历程，多次会议和邮件沟通，到任务完成的那一刻，我竟然看到一个小组的成长，属意料之外的成果。这篇文章，借用小组历程的不同阶段，分享当中一二事。

小组规范

考核制度最容易被质疑其可靠性、可行性，所以初期就订立规范，态度要严谨，讨论要有依据，基本功就是广泛阅读有关考核资料，香港的、深圳的，理论的、具操作性的，再以机构原有的考核制度为基础，提出可改善的地方。第一次见面时，其中一位督导助理问我："不就是修改原有的制度吗？不用那么大费周章吧。"明显的，她不认同我的严谨。我回答说："如果日后有同工质疑，为什么比例是20%，而不是30%，为什么你考这个，而不考那个，作为制度建立的参与者，你会怎样回应？"这"由上而下"订立的规范，初期并没有在组内获得共识，大家都不想面对更多的压力。幸好，大家慢慢适应下来，找来一堆参考资料，进行分析，提出建议，哪些可采纳的，哪些该改进的。过程中，组员慢慢学会解读考核这门课，看到自己原来拥有非同凡响的本事！记得讨论"谁评"的问题时，提到各评估主体（即机构、上级督导、用人单位和社工自评）的评估值比例时，订立10%至40%不等的比例，都是经过组员们激烈讨论，反复探索出评估者对被评估社工的了解度这个原则作为依据而调整的。

小组决策过程

不管是宏观层面上社会工作在中国的推展，还是微观上如考核制度的制定，避免不了的是外来文化与本土文化的碰撞，小组会否出现带着专业帝国主义（professional imperialism）光环的香港督导，压迫着捍卫本土智慧的深圳社工？一般来说，小组决策方式有独裁的领袖解决问题方式，有民主的少数服从多数方式。呈现在这个小组的，却是最能展示本土化的方式——共识的决策方法，即全组讨论，各人提出衡量意见，当大家都感觉到已达成共识，即再没异议时，问题随之解决。

记得一次我们讨论上级督导与被评估社工是否需要在评估表填完后进行讨论，然后得出双方共识的评分。习惯于社工机构坦诚沟通文化的我觉得这是理所当然的，然而，三位督导助理却不同意，理据是根据国内的习惯考核一般是各自评的，少有上下级就评分互相讨论达成共识的，要改变这惯常确实有难度；而且，督导助理们担心日后要他们跟被评估社工讨论评分，对资历尚浅的他们来讲操作起来会有阻力。最后，本着尊重本土文化，小组达成共识，选取一个最可行、最容易操作的方法，即各评估主体分开评分。

工作员角色

如果要界定我在小组的角色，最贴切的莫过于是使能者，即利用自己的知识使组员发挥他们的能力，完成组内任务。淑娟的通（能全面掌握讨论过程，前后贯通），巧玲的灵（能迅速反应，提出有力理据），黄蓉的细（能换位思考，提出不同持分者的看法），我的功能，只是推动她们而已。

任务完成了，估计仍有不足的地方有待改善，但我一直相信，“没有最好，只有更好”，只有不断尝试才能尝到“更好”是什么感觉。这个严谨的、有依据的、集合各人智慧的、尊重本土色彩的成品，是我们社工本土化的尝试，希望大家一起努力，共勉之。

作者简介：

郭慧芳女士，香港社会服务发展研究中心深圳社工督导计划督导。香港大学社会工作硕士，后获英国文化协会颁发志奋全额奖学金赴英，获得英国曼彻斯特大学国际发展管理硕士。曾在青海、广东等地从事社会发展工作，服务青少年儿童孤儿和农村工作等领域，有丰富的项目管理经验；现参与广深两地多家社区服务中心的建立、策划和发展，一直透过理论与实践，探讨社会工作如何在内地推行及管理。擅长管理层和团队培养、中心发展策略、服务策划和管理。

社会工作专业工作记录的功能

□香港督导　陈碧茜

社会工作记录是对社工专业服务过程的系统文字记录，主要记录社工与案主互动的真实过程和关键，按不同专业服务手法（个案、小组、社区等）而有不同形式，但都可以分成撮要记录与过程记录两种。撮要记录多用于达到水平要求的社工的日常工作中，过程记录则大部分用于各层级社工的督导与学习。不论什么形式，社工专业工作记录（下称记录）有以下功能：

专业操守与交代凭证。记录是其中一个重要的文件，引证社工是否提供了符合专业水平的服务，而且文件不是一瞬即逝的，是日后还能交代的（视乎相关的记录保存政策而定）。翔实的记录可用于社工机构督导与专业水平保障。最简单的记录也可以支持社工确实提供过服务的事实。

服务需要。有些情况，例如与司法体系相关，社会评估等的一些服务会需要实证记录支持的，可能需要过程与资料收集的记录作为（机构）向司法体系提供材料的稳当基础。

保护。对于可能沾上刑事民事责任的个案，对于社工、机构与案主，记录会成为机构提供（如果必须提供）当时事情的依据。社工撰写记录时应该注意记录中的事实与保护的作用。

专业成长。在初级社工与发展新技术的社工培养中，记录是比较可靠的主要依据，让督导老师凭以开展个人层面的培训。过程犹如把当时过程影像定格，让督导老师借以引导社工把一个场景的处理，事后以多角度、多可能性探讨和再思，以促成个案处理和社工能力的增长。不能不提的是社工在撰写过程中必须要如实地回忆交代，同时考虑如何恰当表述的撰写过程就是一种社工个人在脑海里厘清反思这专业过程的活动。如果社工再静心翻看自己的记录，也有可能重新发现当时没发觉的细节与契机。

案主权利，自主、参与的媒介。有些国度体系会赋予市民个人资料查阅等不同权利。虽然没有一致的国际标准，我国也没有规定，但社工之对案主，就有平等尊重、共同参与的价值观，专业记录让案主知情的选择（相对于不分享）是不难得出的。余下的就是面对着分享而产生的技术及各种系统调整的问题。香港的案主有权查阅、更正私人资料，经过慎密的铺排，借镜其他体系的经验，实施超过十年也没有什么意外的负面冲击。反而，案主更能利用记录进行明确授权、回顾、反思整个助人自助过程，成为接受现实和个人决定，从过程中成长的利器。

服务与服务对象评估。专业督导与案主是最常利用记录进行评估的主要个体。评估的对象包括社工服务，案主社工自评或作其他专题研究的基础材料。如众所知，评估（标准）本来就是改进的基石；如果评估是不可能的，进步也是不大可能的，也无从定义。

现时深圳社工的专业水平还在爬升，个别机构、督导、社工与用人单位在欠缺要求标准的互动磨合过程中产生了很多专业工作记录的做法，不一而足。其中产生的成长空间须善用，也有产生危机需要具体克服的。要提出一个统一的方案能不复杂吗？这就需要超越专业本体，需要与外头环境协调，更需要专业的自强和主动才能落实专业记录的实施。

我想，善用社工专业记录的第一号困难不在外面，而在社工本身能否认清专业记录的功能，刻苦实干，坐言起行，做好发展扎实专业能力的基本功，写好专业工作记录。作为专业上的导师，我也希望这个复杂问题能得到更多业内讨论和利益与共者参与推动。

作者简介：

陈碧茜女士，香港社会服务发展研究中心深圳社工督导计划督导。香港城市大学社会工作（荣誉）学士学位，香港注册社工，性格透视培训师，获颁危机事件压力管理证书，香港大学及香港城市大学社工学位课程实习导师。从事社工18年，涉足学校、青少年中心、释囚、企业、培训、家庭及青少年项目等领域。2011年，获深圳民政局颁发优秀督导金奖。

完善表格系统　迈向优质管理

□香港督导　区慕贞

中央发布的《关于加强社会工作专业人才队伍建设的意见》文件，进一步建立了我国的社会工作专业人才队伍建设的基本框架，提出了具体的规范要求。这意味着社会工作者的专业化水平必须有所提升，社工服务机构亦必须大力推动社工的专业化，持续优化与社工相关的专业制度和工作任务。

社会工作的管理其实是趋近现代化的管理，离不开人（员工/社工）、工作与管理制度的相互配合。尽管不同的社工有不同的专长与能力，不同服务项目也有不同的要求。然而，达到有素质的服务并不是必然的成果，需要引进优质的管理；社会工作的管理哲学就是如何运用可用的资源达到优质的服务。建立完善的体制、机制可说是迈向优质管理的不二法门。

因此，为了有效管理，为了发展优质服务，设立定期的工作汇报制度便十分重要，其背后的重大意义在于：

1．使管理机构加强对服务责任的承担及向政府公众交代的角色、义务（Accountability）。

2．让机构所有社工都明白自己的社工职责，按时开展及完成工作任务，及时做好工作数据统计及总结报告，并以达成社工服务的指标为己任。

3. 作为监督和了解社工的工作进度，确保社工所提供的服务是否按照原来预定的时间、目标、进度来进行及完成，作为衡量社工表现的依据之一。

要有效评鉴社工的工作表现，便先要制订社工的服务指标，如：个案、小组、活动等。指标要清楚、具体，结合社工的实际情况，还要考虑这些不同类别的指标的可行性、资源投入（Input）与产出（Output）的关系。如：每名社工负责的个案数量，亦可用来比较不同中心的运作情况，作为衡量其工作表现的准绳（某一特定的时段内，能达到什么目标）。总而言之，需让社工明白指标之制订有其重要性，要求切实执行及致力完成。服务指针要用文字明确地规定下来，完成后用数据统计及报告交代工作成果。

机构管理者可综合各社工／中心汇报之服务指标完成情况，每月、每季度、每年进行审核，对每名社工／每个服务中心对服务之推行情况及指标完成情况加强了解及监察。同时亦可总结其整体之服务表现，如有较大偏差，需探究原因及解决方法，了解及检视是否可达到年度计划之预期成果。

要达至优质的服务，服务的质量同样重要。但社工服务项目的实施，其实未必完全可用数量来衡量，例如：辅导性质的服务就很难量度，也不容易确定服务的素质。但基于问责制度，机构在发展社会工作服务的同时，向政府提供数据报告也是必须的，至少是需要致力完成指定数量的指标。然而，在量化指标之外，也需作质性的检视，尽量确保服务是质量并重的完成。也许在未有完善的评估机制前，亦需多审核我们的服务过程、社工服务元素及专业介入过程，努力提升服务的质素及社工的专业能力水平，以达至优质服务为目标。

作者简介：

区慕贞女士，香港社会服务发展研究中心深圳社工督导计划督导。香港浸会大学社会工作社会科学硕士。香港注册社工，从事社会工作20多年，曾从事学校社会工作、家庭生活教育、复康服务、儿童成长及青少年辅导工作，于亲子教育方面尤其具有丰富的前线工作经验，近年致力投入社工培训工作。

第2章

社工专业用表

本章的专业用表主要分成三大类：个案表格、小组与社区活动表格及来访与社区调研。

处理和记录个案的表格相对较多，但每张表格都有它的专业功能。由首次接触案主、评估案主需要和分析案主处境及介入的对策，到正式跟进个案的记录，至结束个案前需完成的评估总结，每张表格都需按步骤完成。为方便使用，大家可参考《个案表格使用指引》，这个指引能协助大家掌握各个表格的使用次序和概念。

在小组与社区活动中，我们同样重视计划策划、内容设计和活动后的评估总结，因此设计了相应的表格。大家同样可参考《小组／社区活动表格使用指引》来了解如何使用这些表格。最后，《需求调研报告》作为一个范例，示范了一个较完整和系统的社区调研，需要包括哪些范畴和项目，让社工对社区有较完整的了解，从而编订和计划社区服务项目与内容，让服务更到位。

2.1

个案表格

2.1.1 个案表格使用指引

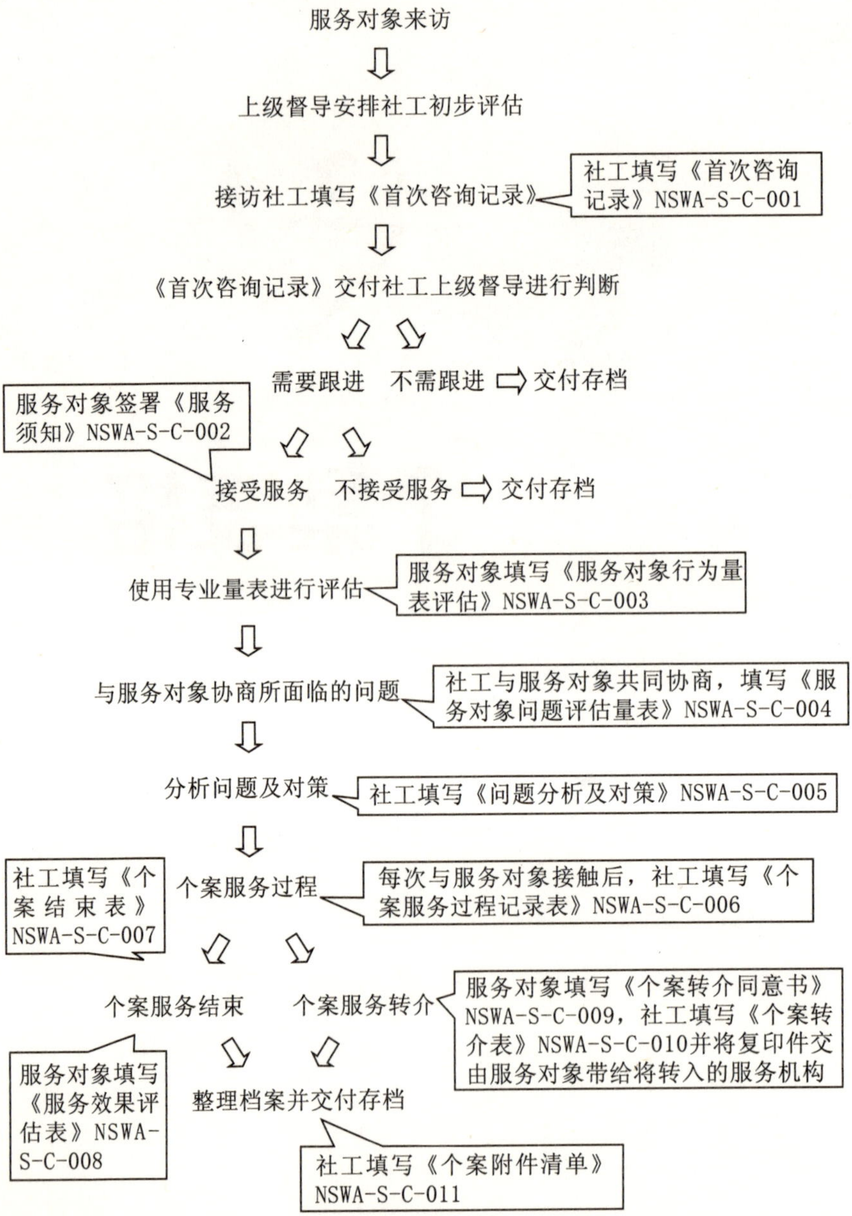

说明：

1. 请按照上述流程填写记录表，如遇特殊情况，可酌情变动顺序。

2. 《首次咨询记录》：简要记录个人信息及问题，尽快做出情况判断及建议。

3. 《服务须知》：社工需详细介绍个案服务所包含的内容；案主签名处，未满18岁的案主应根据所需服务的类型考虑要求监护人代为签名。

4. 《个案服务过程记录表》：填写内容尽量详细，包括服务过程、评估和跟进。

5. 个案档案的管理。社工需在每次面见服务对象后填写表格，并将电子版发予上级督导存档；上级督导需在使用的电脑里增设清晰的个案档案分类。待个案结束后，接案社工需将个案全部资料纸质版打印、经上级督导签字后交予档案管理员存档。

2.1.2 个案月报表

（编号：NSWA-A-M-统计-006）

________年________月

上月个案总结存（a）：____________

本月新增个案数目（b）：____________

	个案编号	案主姓名	接案日期	*个案性质	个案来源	负责社工
1						
2						
3						
4						
5						
6						
7						
8						

*个案性质：1．婚姻关系　2．家庭关系　3．生活适应　4．情绪辅导　5．转介服务　6．子女管教　7．司法矫正、安置帮教　8．行为问题　9．学习问题　10．复康工作　11．健康问题　12．人际关系　13．就业辅导　14．经济援助　15．其他（请注明）

本月结束／转出机构个案数目（c）：________

序号	个案编号	案主姓名	结案日期	结束原因（请以√号表示）			
				结束个案	转介到其他机构	内部转介予其他同工	负责社工
1				*请列明原因，如问题已处理、本机构服务未能切合服务对象需要等*	*列明该机构名称*	*列明接手社工姓名*	
2							
3							
4							
5							
6							
7							
8							

本月个案总数（a+b-c）：________

2.1.3　个案首次咨询记录

（编号：NSWA-S-C-001）

个人信息					
姓名		性别		年龄	
电话		住址			
婚姻状况		职业			
户籍		籍贯			
证件号码					
接案社工		接案时间			
接案途径					

家庭信息						
姓名	关系	性别	年龄	从事职业	所在地区	联系方式

问题／需要			
□康复服务	□家庭暴力	□学习问题	□法律咨询
□心理疏导	□婚姻问题	□流浪救助	□政策指引
□哀伤辅导	□未婚怀孕	□经济援助	□纠纷调解
□精神问题	□家庭关系	□老人赡养	□就业推荐
□其他________			

个案背景

（续上表）

<table>
<tr><th colspan="5">接案社工建议</th></tr>
<tr><td>危机因素</td><td colspan="4">□低　　□中　　□高
说明：</td></tr>
<tr><td>紧急服务</td><td colspan="4">□需要　　□不需要
说明：</td></tr>
<tr><td>跟进服务</td><td colspan="4">□需要　　□不需要
说明：</td></tr>
<tr><th colspan="5">当事人意愿</th></tr>
<tr><td colspan="5">□愿意接受服务　　□不愿意接受服务　　□不适用
说明：</td></tr>
<tr><th colspan="5">上级督导建议</th></tr>
<tr><td>跟进服务</td><td>□需要</td><td>□不需要</td><td>任务委派</td><td></td></tr>
<tr><td colspan="5">上级督导备注：

上级督导签名：
日期：</td></tr>
</table>

2.1.4 个案辅导服务须知

（编号：NSWA-S-C-002）

本机构为您提供的服务由政府购买，不向您收取任何费用。请仔细阅读以下条款，在确认您完全同意后签署姓名。

1．我已了解个案辅导服务所包含的内容，并自愿接受该服务；

2．我同意该服务机构在保密的情况下记录我的个人信息，并将服务过程作为内部档案留存；

3．我明白社工服务以“助人自助”为基本原则，服务效果与我本人的参与度密切相关，在接受服务的同时我仍然负有自主解决问题的责任。

4．我明白若服务目标已达成，社工会主动与我商讨结束服务。我也有权利随时与社工协商，提出终止服务。

本人签名____________________

签署日期____________________

2.1.5 服务对象行为评估量表

（编号：NSWA-S-C-003）

服务对象姓名：＿＿＿＿＿＿＿　　个案编号：＿＿＿＿＿＿＿

■没有完成行为量表评估〔原因：■不需要（请说明）＿＿＿＿＿＿＿＿＿＿＿

■当事人　■未能 / ■拒绝回答

■转介人未能提供详情

■其他（请说明）＿＿＿＿＿＿＿＿＿＿＿＿

■完成行为量表（评估日期：＿＿＿＿＿＿＿＿）

在过往六个月内，当事人曾否										
项目描述		当事人					社工 #			备注（如适用）
注：以下有阴影的部分为重点问题，请圈出问题的严重程度		没有	有：不严重	有：严重	不知道	不适用	没有	有：不严重	有：严重	
	生理方面									
1	睡眠出现问题	■	1■	2■	■	■	■	1■	2■	
2	胃口出现问题	■	1■	2■	■	■	■	1■	2■	
3	健康出现问题	■	1■	2■	■	■	■	1■	2■	
4	记忆力方面出现问题	■	1■	2■	■	■	■	1■	2■	
	行为习惯方面									
5	出现饮酒过量问题	■	1■	2□	■	■	■	1■	2□	
6	出现药物、毒品、酒精饮品依赖等问题	■	1■	2□	■	■	■	1■	2□	
7	出现沉迷赌博问题	■	1■	2□	■	■	■	1■	2□	
8	工作■　学习■　注意力出现问题	■	1■	2■	■	■	■	1■	2■	
	精神方面									
9	有奇怪或令人困扰的思想	■	1□	2□	■	■	■	1□	2□	
10	听到奇怪的声音对你说话	■	1□	2□	■	■	■	1□	2□	
11	见到别人看不见的奇怪影像	■	1□	2□	■	■	■	1□	2□	
12	觉得有人伤害你	■	1□	2□	■	■	■	1□	2□	
13	感到抑郁以致影响日常生活	■	1■	2□	■	■	■	1■	2□	

（续上表）

14	感到恐惧、焦虑以致影响日常生活	■	1■	2□	■	■	■	1■	2□	
15	想袭击其他人	■	1■	2□	■	■	■	1■	2□	
16	有结束自己生命的念头	■	1■	2□	■	■	■	1■	2□	
17	曾有自毁行为（如割脉）	■	1■	2□	■	■	■	1■	2□	
	人际关系方面									
18	经历感情■ 婚姻■ 关系变化	■	1■	2□	■	■	■	1■	2□	
19	经历感情■ 婚姻暴力■ 虐待■ 事件	■	1□	2□	■	■	■	1□	2□	
20	经历感情■ 婚姻■ 受第三者困扰	■	1■	2□	■	■	■	1■	2□	
21	觉得管教■ 照顾■ 子女有困难	■	1■	2□	■	■	■	1■	2□	
22	觉得父母■ 子女■ 被虐待	■	1□	2□	■	■	■	1□	2□	
23	与父母■ 子女■ 相处出现问题	■	1■	2■	■	■	■	1■	2■	
24	与朋友■ 同事■ 邻居■ 相处有问题	■	1■	2■	■	■	■	1■	2■	
25	与兄弟姊妹相处出现问题	■	1■	2■	■	■	■	1■	2■	
26	姻亲相处有问题	■	1■	2■	■	■	■	1■	2■	
27	经历亲人■ 朋友■ 去世与哀伤	■	1■	2■	■	■	■	1■	2■	
	工作／学业方面									
28	学业上有困难	■	1■	2■	■	■	■	1■	2■	
29	工作不稳定	■	1■	2■	■	■	■	1■	2■	
30	有经济困难■ 压力■	■	1■	2■	■	■	■	1■	2■	
	其他									
31	缺乏照顾■ 支援■	■	1■	2■	■	■	■	1■	2■	
32	（其他）	■	1■	2■	■	■	■	1■	2■	
		重点问题____分 非重点问题____分					*重点问题____分 非重点问题____分*			

#只适用于社工与当事人评估有差别时

区别分数：0至4分→小组／活动或如社工需进一步评估当事人的需要／服务要求→个案辅导5或以上→个案辅导

2.1.6 服务对象问题评估量表

（编号：NSWA-S-C-004）

服务对象姓名：________________

个案编号：________________

填表社工：________________

请填写服务对象认为需要处理的问题（按优先次序）	立案时 日期：	结案时 日期：
	困扰程度（0分至5分，0分代表不困扰，5分代表非常困扰）	
1		
2		
3		
4		
5		

2.1.7 个案问题分析及对策

（编号：NSWA-S-C-005）

服务对象姓名		个案编号	
问题呈现			
（服务对象自述的表面问题，可引用原话） *1. 李某自述儿子小涛性格冷漠，自我封闭，不喜欢表露感情。* *2.* *3.*			
问题分析			
（社工根据所述情况，分析问题的深层根源所在） *1. 夫妇关系* *李某与丈夫关系紧张，夫妻间沟通较为简单，很少情感交流。* *2. 孩子教养* *李某与丈夫工作非常忙碌，儿子小涛从小跟着爷爷生活，爷爷脾气较为暴躁，曾经打骂小涛。* *3.*			
目标制定			
（与服务对象商议后制定目标） *1. 李某改善与丈夫的关系，加深夫妻之间的沟通，多进行积极的情感表达，以侧面影响儿子。* *2.* *3.*			
行动策略			
（具体化的行动） *1. 邀请李某与丈夫一同面谈，以改善夫妻沟通方法，并让双方明白正面沟通对儿子的行为情况会有帮助。* *2. 夫妇学习在双方产生矛盾时，不在儿子面前争吵。* *3.*			

社工签字：______________ 上级督导签字：______________

签署日期：______________ 签署日期：______________

2.1.8 个案服务过程记录表

（编号：NSWA-S-C-006）

服务对象姓名：________　　　　个案编号：________

日期：	时间：	地点：
参与人员：　服务方式：（面谈 / 电话联系 / 家访 / 与其他单位联系……）		
服务过程 / 评估 / 跟进： *1. 案主现在情况* *2. 社工观察 / 评估……* *3. 社工建议 / 下次联络时间 / 下次跟进事项……*		
日期：	时间：	地点：
参与人员：	服务方式：	
服务过程 / 评估 / 跟进： *1. 服务跟进* *2. 案主现在情况* *3. 社工观察 / 评估……* *4. 社工建议 / 下次联络时间 / 下次跟进事项……*		
日期：	时间：	地点：
参与人员：	服务方式：	
服务过程 / 评估 / 跟进：		

社工签名：________　　　　签署日期：________

第____页　　共____页

2.1.9 个案结束表

（编号：NSWA-S-C-007）

<table>
<tr><td colspan="2">服务对象姓名</td><td></td><td colspan="2">个案编码</td><td></td><td>接案社工</td><td></td></tr>
<tr><td colspan="2">接案日期</td><td colspan="3"></td><td>结案日期</td><td colspan="2"></td></tr>
<tr><td colspan="8">服务过程及现状总结</td></tr>
<tr><td colspan="8">1. 服务时间跨度、服务次数、服务方式
2. 案主的情况变化，问题解决程度
3. 目前案主的意愿、情绪、期望等
4. 社工观察、总结</td></tr>
<tr><td colspan="8">协定服务目标达成情况</td></tr>
<tr><td colspan="8">目标一……
目标二……
目标三……</td></tr>
<tr><td colspan="8">结案原因</td></tr>
<tr><td colspan="8">□目标达到　　　　　　　□超出服务范围
□社工认为不适合继续跟进<u>（如：服务对象失去联系）</u>
□服务对象不愿意继续接受服务<u>（如：服务对象认为社工服务并非自己所需）</u>
□其他情况<u>（注明情况）</u></td></tr>
<tr><td colspan="8">服务对象知道个案已结束并知道在有需要时如何得到服务。　□是　□否</td></tr>
<tr><td>社工签名</td><td colspan="3"></td><td colspan="2">上级督导签名</td><td colspan="2"></td></tr>
<tr><td>签署日期</td><td colspan="3"></td><td colspan="2">签署日期</td><td colspan="2"></td></tr>
</table>

2.1.10 服务效果评估表（结案／未结案）

（编号：NSWA-S-C-008）

服务对象姓名：________ 个案编号：______ 填表日期：______

1. 您对负责社工的表现满意吗？

□非常满意 □满意 □一般 □不满意 □非常不满意

2. 负责社工对您提供了何种帮助？请从下列范围挑选（可选多项）

□没有提供帮助

□提供有用资料

□婚姻关系调适

□家庭关系调适

□生活适应

□情绪辅导

□转介服务

□管教子女技巧

□司法矫正／安置帮教

□行为问题

□学习问题

□复康工作

□健康问题

□人际关系

□就业辅导

□经济援助

□其他（请注明）

3. 总体而言，服务能否协助您面对／解决您的困难？

完全不能←								→完全解决	
1	2	3	4	5	6	7	8	9	10

4．自接受本机构服务后，您的情况有否改善？

完全没有改善←——————————————————————→完全解决									
1	2	3	4	5	6	7	8	9	10

5．与社工接触时，您对解决您的困难的积极性如何？

□非常积极　□积极　□一般　□不积极　□非常不积极

6．本服务结束之时，您与社工双方原商定的目标能否达到？

□能　　　　□不能（原因：________________________）

7．其他评语或意见

____

2.1.11 个案转介同意书

（编号：NSWA-S-C-009）

本人完全明白及同意深圳市南山区＿＿＿＿＿＿社工服务中心转介本人 / ＿＿＿＿＿（身份证号码：＿＿＿＿＿＿＿＿＿＿）到＿＿＿＿＿＿＿＿＿，目的是＿＿＿＿＿＿＿＿＿＿＿＿＿＿＿＿＿＿＿＿＿＿＿＿＿＿＿＿＿＿＿＿＿＿。

服务对象签名：＿＿＿＿＿＿　负责社工签名：＿＿＿＿＿＿

日　　　期：＿＿＿＿＿＿　日　　　期：＿＿＿＿＿＿

*您提供的资料，将会用作申请有关服务之用。您有权查阅及更正本机构所保存的有关您的资料。如有任何疑问，包括要求查阅或更正资料，请联络有关职员或本机构负责人。

2.1.12 个案转介表

（编号：NSWA-S-C-010）

<table>
<tr><th colspan="7">转出机构信息</th></tr>
<tr><td>转出机构</td><td colspan="6"></td></tr>
<tr><td>社工姓名</td><td colspan="4"></td><td>联系方式</td><td></td></tr>
<tr><td>个案类型</td><td colspan="4"></td><td>接案日期</td><td></td></tr>
<tr><td colspan="7">服务对象／家长同意将其个案转介到____________________
□是　　□否</td></tr>
<tr><th colspan="7">个案资料</th></tr>
<tr><td>姓名</td><td colspan="4"></td><td>身份证号码</td><td></td></tr>
<tr><td>性别</td><td colspan="4"></td><td>出生日期</td><td></td></tr>
<tr><td>地址</td><td colspan="4"></td><td>联系方式</td><td></td></tr>
<tr><td colspan="7">相关家庭成员</td></tr>
<tr><td>姓名</td><td>关系</td><td>性别</td><td>年龄</td><td>从事职业</td><td>所在地区</td><td>联系方式</td></tr>
<tr><td></td><td></td><td></td><td></td><td></td><td></td><td></td></tr>
<tr><td></td><td></td><td></td><td></td><td></td><td></td><td></td></tr>
<tr><td colspan="7">现正为服务提供者提供服务的其他机构：</td></tr>
<tr><th colspan="7">社工曾处理的问题</th></tr>
<tr><td colspan="7"></td></tr>
<tr><th colspan="7">个案发展</th></tr>
<tr><td colspan="7"></td></tr>
<tr><th colspan="7">社工评估和建议</th></tr>
<tr><td colspan="7"></td></tr>
</table>

社工签名：______________　　　　上级督导签名：______________

日　　期：______________　　　　日　　　　期：______________

*本表一式两份，一份由案主交给转入机构，一份由转出机构存档。

2.1.13 个案完成情况报表

（编号：NSWA-S-C-011）

请以“√”表示已完成

个案编号：	已完成	不适用
开启个案：		
个案首次咨询记录（NSWA-S-C-001）		
个案服务须知（NSWA-S-C-002）		
其他		
个案工作进行中：		
行为量表评估（NSWA-S-C-003）		
服务对象问题评估量表（NSWA-S-C-004）		
问题分析与对策（NSWA-S-C-005）		
个案服务过程记录表（NSWA-S-C-006）		
个案转介同意书（NSWA-S-C-009）		
个案转介表（连转介信）（NSWA-S-C-010）		
其他		
完结个案：		
通知服务对象个案结束		
个案结束表（NSWA-S-C-007）		
服务效果评估表（结案）（NSWA-S-C-008）		
其他		

2.2

小组／社区活动表格

2.2.1 小组 / 社区活动表格使用指引

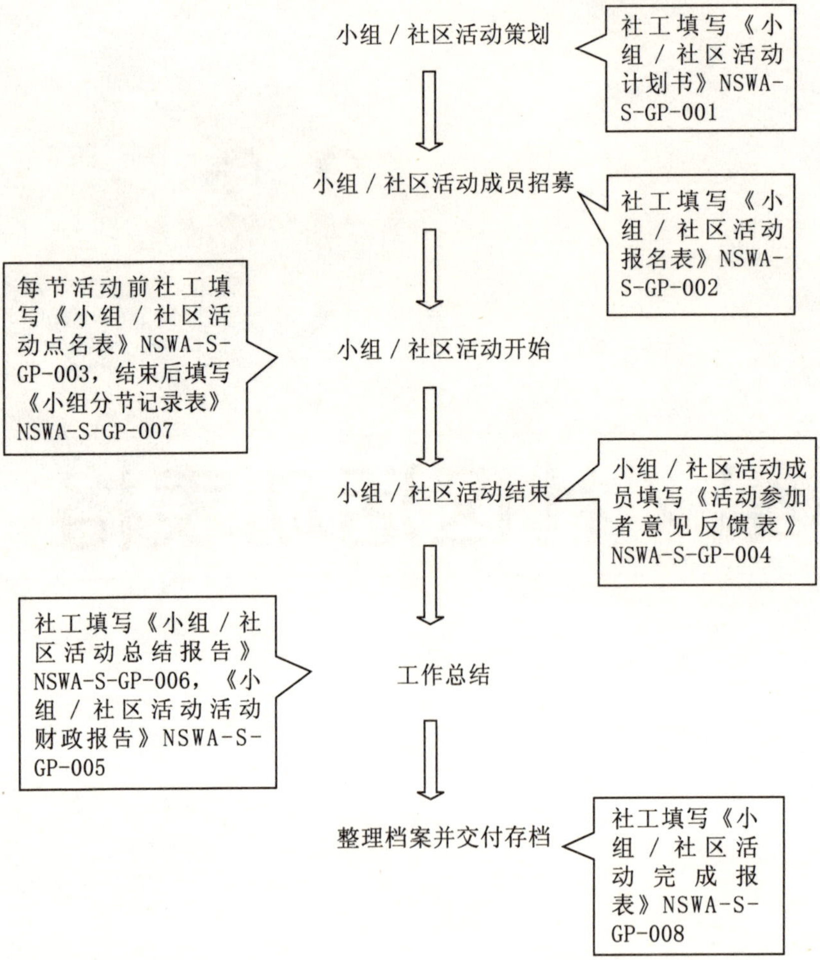

2.2.2 小组 / 活动月报表

（编号：NSWA-A-M-统计-007）

__________社工服务中心

________年________月

小组 / 活动名称	小组 / 活动编号	举办日期	小组 / 活动性质*	参加人数	负责社工	备注

本月小组总数：__________

本月活动总数：__________

*1. 成长 / 教育小组　2. 治疗小组　3. 互助小组　4. 成长 / 教育活动　5. 治疗活动　6. 宣传活动　7. 其他

2.2.3 小组 / 社区活动计划书

（编号：NSWA-S-GP-001）

<table>
<tr><td>1. 活动名称：__________ 活动编号：__________
2. 活动类型：（小组、工作坊、讲座、社区活动等）
3. 对　　象：________________________________
　 名　　额：________________________________
4. 地　　点：________________________________
5. 日　　期：________________________________
　 时　　间：________________________________
6. 人手编配：____________名社工、____________名义工</td><td rowspan="5">上级督导意见</td></tr>
<tr><td>7. 理念
理论架构
服务宗旨及内容
工作对象的需要</td></tr>
<tr><td>8. 目的及具体目标：
小组预期达到的目的
预想得到的结果</td></tr>
<tr><td>9. 招募及宣传手法：
招募小组成员的手法，如派发宣传单、联系社区领导人。</td></tr>
<tr><td>10. 具体小组 / 活动内容方法：
应对之策</td></tr>
</table>

（续上表）

11. 预计困难及解决方法： *小组活动开展前期及活动中的困难，并事先想好应对之策*	
12. 评估方法 *评估小组活动能否达到预期目的的手法*	
13. 经费预算：（见附表一）	
14. 程序安排：（小组活动程序见附表二） （社区活动程序见附表三）	

	负责社工	上级督导
姓名		
签署		
日期		

附表一：

小组／社区活动经费预算

活动名称：________________　　　　活动编号：________________

活动日期：________________

序号	所需物资	单价（元）	数量	金额（元）	备注（是否已整合）	物资分类归档位置
1						
2						
3						
4						
5						
已整合物资						元
未整合物资						元
合计						元
负责社工承诺	以上内容均按照服务需求申报，严格执行财务规定，承担相应责任履行社工义务。 社工签名： 日　　期：					
上级督导意见	上级督导签名： 日　　　　期：					
社工机构意见	机构负责人签名： 日　　　　　期：					

附表二：

小组活动程序安排

活动名称：________　　　　活动编号：________

节数	日期	时间	目标	内容	形式	物资	负责人	备注
				具体每一节小组活动进行时的内容，活动程序				

附表三：

社区活动程序安排

活动名称：________________ 活动编号：________________

日期	时间	目标	内容	物资	负责人	备注
			具体活动进行时的内容，活动程序			

2.2.4 小组 / 社区活动报名表

（编号：NSWA-S-GP-002）

活 动 名 称：____________ 小组 / 社区活动编号____________

活动日期及时间：____________ 活动名额：______（成人）______（儿童）

负 责 社 工：____________ 活动收费：______（成人）______（儿童）

姓名	成人	儿童	住址	电话	收费	备注

总人数：____________ 总收入：____________

2.2.5 小组 / 社区活动点名表

（编号：NSWA-S-GP-003）

活动名称：______________　　　　小组 / 活动编号：________________

负责社工：______________　　　　活动时间：______________________

序号	姓　名	日期1	日期2	日期3				备注
1								
2								
3								
4								
5								
6								
7								
8								
9								
10								
11								
12								
13								
14								
15								
16								
17								
18								
19								
20								
总出席人数								

2.2.6 小组／社区活动参加者意见反馈表

（编号：NSWA-S-GP-004）

这份问卷的目的是收集您对社工及本机构服务的意见，以改善社工及机构的服务。请选择最能代表您意见的答案。您的意见将会被保密，而您给予的意见并不会影响您现时或将来所接受的服务。现诚意邀请您抽空填写问卷，完成后请交予有关工作人员。多谢合作！

活动名称：________________ 活动编号：________________

请在最能代表您意见的答案打“√”。

A. 对该项活动的评价

评估指标	非常不同意					非常同意
1. 我满意活动的时间编排	0	1	2	3	4	5
2. 我满意活动的形式	0	1	2	3	4	5
3. 我满意活动的场地	0	1	2	3	4	5
4. 我满意以下活动的内容						
4.1（按需设计内容）	0	1	2	3	4	5
4.2（按需设计内容）	0	1	2	3	4	5
5. 工作员表现						
5.1 我满意工作员的工作表现	0	1	2	3	4	5
5.2 我满意工作员的工作态度	0	1	2	3	4	5
6. 我投入此活动	0	1	2	3	4	5

B. 对社工及机构服务的评价

评估指标	非常不同意				非常同意		备注
1. 整体来说，我满意社工及机构提供给我的服务	0	1	2	3	4	5	*不适用*
2. 我解决问题的能力提高了	0	1	2	3	4	5	*不适用*
3. 我觉得使用机构服务后，我更容易找到别人给予我支持（如：父母、兄弟姐妹、朋友、同事、邻居或小组成员等）	0	1	2	3	4	5	*不适用*

C. 您对活动的其他意见或建议是：

____

____

参加者姓名：__________

日期：__________

2.2.7 小组 / 社区活动财政报告

（编号：NSWA-S-GP-005）

活动名称：________________ 活动编号：________________

序号	收支项目	收入（元）	支出（元）
1			
2			
3			
4			
5			
6			
7			
8			
9			
10			
总计（元）			

财政状况报告	*如：按照计划执行，未超支……* 负责社工签名： 日　　期：
上级督导意见	*如：情况属实……* 上级督导签名： 日　　期：

*盈余 /（亏损）________________ *请删去不适用者

2.2.8　小组／社区活动总结报告

（编号：NSWA-S-GP-006）

小组／活动名称：________________　　活动编号：____________

对象：____________　　报名人数：____人　出席人数：____人

时间：____________　　地点：____________________________

人手分配：______名社工、______名义工

小组／活动目标：____

序号	检讨事项
1	筹备工作：*筹备工作是否顺利，按照预期来进行*
	建议：*检讨，如何能做的更好*
2	目标之达致：*小组结束是否达到预期的目标*
	建议：
3	内容／形式之合适度：*小组开展的形式是否适合小组成员的需要*
	建议：
4	人手分工：*人手安排是否合理*
	建议：
5	参加者表现：*小组成员对小组内容形式是否满意，能否投入到小组中来*
	建议：
6	工作员表现：*工作人员是否积极按照活动程序设计来，维持好现场秩序，帮助参加者投入到小组中*
	建议：
7	其他意见：
8	跟进工作：*小组后期对组员的跟进*
总结报告	负责社工签名： 日　　期：
上级督导意见	上级督导签名： 日　　期：

小组／社区活动照片资料

<table>
<tr><td>活动名称</td><td colspan="3"></td></tr>
<tr><td>活动时间</td><td></td><td>活动地点</td><td></td></tr>
<tr><td>活动内容</td><td colspan="3"></td></tr>
<tr><td>参与人员</td><td colspan="3"></td></tr>
<tr><td colspan="4">照片</td></tr>
<tr><td colspan="4">图为：</td></tr>
</table>

*如图片较多可自行添加

2.2.9 小组分节记录表（服务记录）

（编号：NSWA-S-GP-007）

活动名称：______________ 活动编号：______________

小组开始日期：________ 小组完结日期：________ 小组总节次：________

日期	节次	内容及检讨
		记录小组活动每一节的内容，小组开展的情况； 检讨反省小组开展中的不足，并想好下一节改正做得更好

负责社工签名：______________ 签署日期：______________

上级督导签名：______________ 签署日期：______________

第____页 共____页

2.2.10 小组 / 社区活动完成情况报表

（编号：NSWA-S-GP-008）

请以“√”表示已完成

小组 / 社区活动编号：	已完成	不适用
小组 / 社区活动开启		
小组 / 社区活动计划书（NSWA-S-GP-001）		
小组 / 社区活动报名表（NSWA-S-GP-002）		
其他		
小组社区活动进行中		
小组 / 社区活动点名表（NSWA-S-GP-003）		
小组 / 社区活动参加者意见反馈表（NSWA-S-GP-004）		
小组分节记录表（服务记录）（NSWA-S-GP-007）		
其他		
小组 / 社区活动完结		
小组 / 社区活动财政报告（NSWA-S-GP-005）		
小组 / 社区活动总结报告（NSWA-S-GP-006）		
其他		

2.3

来访与社区调研

2.3.1 来访人员登记表

<table>
<tr><td>来访日期</td><td></td><td>来访时间</td><td></td></tr>
<tr><td>来访者姓名</td><td></td><td>联系方式</td><td></td></tr>
<tr><td colspan="4">来访事由：</td></tr>
<tr><td colspan="4">跟进情况：</td></tr>
<tr><td colspan="4">上级督导 / 中心主任建议：

签名：
日期：</td></tr>
</table>

值班人签名：

2.3.2 ××区××街道××社区需求调研报告

调研主题：＿＿＿＿＿＿＿＿＿＿＿＿

调 研 人：＿＿＿＿＿＿＿＿＿＿＿＿

调研时间：＿＿＿＿＿＿＿＿＿＿＿＿

××社区需求调研报告提纲

一、本调查的背景及意义

1．引言。

2．评估背景。

3．评估意义。

4．评估目的。

5．评估方法。

二、社区基本信息

1．社区背景及历史：如发展历史，居民来源及流动，过往发生过的重要事件或社区问题等。

2．社区环境：如地理位置、附近环境、社区设施、交通、房屋类型等。

3．居民／服务对象特征：如人口、年龄、结构、家庭人数、就业状况、收入水平、教育程度、居民社会网络状况等。

4．社区内的政治、经济、贸易、文化等活动情况。

5．社区的社会功能：如商业区、政治经济区、教育文化区、工业区、住宅区、风景区、游客区、农业区等。

6．社区的社会设施：列出社区内的政府机关、志愿机构、公共设施（如：医院、图书馆、博物馆、大型公园、学校）、福利服务机构（如：儿童福利院、少年宫、老人院、精神病院、复康中心、成人教育中心、心理咨询中心、社区服务中心）以及其他社会资源及整体社会环境。

三、社区服务状况

1. 社区工作站或社区居委会

（1）背景和历史：如历史、组织架构、人手编制、财政来源等；

（2）员工的角色、功能和工作量；

（3）工作部门的角色：政策和程序手册，员工工作量；

（4）所提供服务的性质：服务类型、目标、服务性质和内容、服务对象的人数、需求以及特征、现存困难，服务传送模式、工作策略、组织管理机构、与其他机构的联系、法律授权、工作部门的能力与困难。

2. 社区服务中心

（1）成立时间、服务理念、愿景、组织架构、人手配置；

（2）服务内容及运作情况；

（3）与社区、科室、其他社会组织合作情况；

（4）服务过程中遇到的困难和问题。

3. 社会团体或社会组织（如：老年协会）

（1）社会团体或社会组织的性质，组建时间、组建架构、愿景、目标、会员人数；

（2）社会团体或社会组织活动开展情况；

（3）社会团体或社会组织优势、劣势以及发展过程中的困难和问题。

4. 其他组织

四、需求分析

1．社区问题（社区存在环境卫生、治安、社区邻里关系等问题，以及改善）。

2．社区、居民需求（便民利民措施、社区文化设施等）。

五、拟订介入方案

六、参考资料

包括：参考书、统计资料、报纸剪辑、机构刊物、单张、照片等。

第3章 档案管理与工作汇报制度

在社会服务中，时常强调规划的重要性，因为这样才能使我们提供的服务更切合服务使用者的需要和社区情况。但过程中不断地评估同样重要，因为有了持续的评估和总结，工作员便会掌握自己的工作有否偏离计划。有了这样的机制，我们才能检视和了解大家的工作是能达到和符合年度计划之预期成果。否则，药石乱投，既浪费了同事们一年下来的努力，也不能回应社区的需要，更甚是浪费了社会资源。

因此，整个工作汇报制度就是为了建立一个持续和定期的评估和监督机制。整个汇报机制，除了一些量化的数据统计外，亦包含一些质量的评估。让中心/机构管理人员有整全的资料，评估进度、工作情况和服务表现。

《档案管理制度》是为使不同的表格在日常应用时更有系统地存放和保留。从机构管理的角度，这更是问责和监管中重要的一环。

3.1

档案管理制度

3.1.1 ×××社会工作服务社档案管理制度

总　则

一、为加强×××社会工作服务社（以下简称机构）档案管理工作，充分发挥档案在社会工作专业服务中的重要作用，提高档案管理水平，根据《中华人民共和国档案法》、《中华人民共和国档案法实施办法》以及社会工作相关准则与规定，结合机构实际，制定本制度。

二、本制度适用于机构所有档案管理，包括档案的记录、保管、移交、保管年限及销毁等。

档案的管理

三、机构相关部门负责服务过程中的档案的记录、核查与整理，确保档案的真实、准确与完备；负责档案汇总、定期检查、保管与监督，并负责借阅档案的审批，保证档案的准确、安全与完整。

四、办公室档案管理人员按照有关规定，每月定期监督、整理社工及中心上报的各种档案资料，并按照要求上报上级主管部门。另外，对服务过程中涉及的文字、影像资料进行定期整理，并汇编成册，统一收档案柜进行保存。

五、所有档案涉及人员要严格遵守档案保密制度，确保档案的安全。

六、机构主任负责对本制度的执行情况的监督检查，并负责到期档案销毁的审查。

档案分类及编码系统

七、服务类资料（S Service）

（一）服务项目编码

以服务项目的前两字拼音简码为编码，如蛇口社区服务中心编码即为“SK”。

（二）服务类别编码（按服务对象）

1. 青少年服务（Y Youth Service）

2. 老年人服务（E Elderly Service）

3. 残障人士服务（R Rehabilitation Service）

4. 家庭服务（F Family Service）

5. 妇女服务（W Women Service）

6. 外来劳务工服务（M Migrant Workers Service）

…………

说明：档案归类时按相应编码编号；未尽服务类别按国际通用社工专业英语首字母编码。

（三）服务性质编码

1. 个案（C Case Work）

2. 小组（G Group Work）

3. 活动（P Program）

4. 家访（V Visit）

5. 其他（O Others）

（四）档案编码形式

服务项目-资料类别-服务类别-服务性质-年月日-顺序

例：SK-S-Y-C-20120101-01则表示是蛇口社区服务中心服务类资料中青少年服务在2012年1月1日接案的年度第一个个案。

八、行政类资料（A Administration）

（一）编码

1. 社工服务部（M Social Worker Management）

2. 办公室（A Administration）

3. 联络部（L Liaison）

4. 项目部（P Project）

说明：各机构可根据部门设置自行添加

（二）形式

机构名称 / 服务项目-资料类别-行政类别-内容-年月日-顺序

例1：NSWA-A-M-考核-20120101-001则表示南山社协社工服务部在2012年1月1日发布的年度第一个考核文件；

例2：NSWA-A-M-培训—20120201-003则表示南山社协社工服务部在2012年2月1日发布的年度第三个培训资料。

档案的归档与保管

九、档案装订

（一）中文直写文件以右方装订为原则，中文横写或外文文件则以左方装订为原则。

（二）右方装订文件及其附件均应对准右上角，左方装订则对准左上角理齐钉牢。

（三）文件如有皱折、破损、参差不齐等情形，应先整补，裁切折叠，使其整齐划一。

十、归档记录

工作人员需在服务或行政工作完成后的一个星期内将相关档案归档，归档时由档案管理人员记录在案。记录形式为：

归档时间	交档人员	档案编号	收档人员	备注
2012.01.01	××	SK-A-S-20120101-03	××	

十一、档案保管

原则上，各服务中心及项目的档案自行保管，必要时机构可要求其提交相关档案备案，机构档案管理由专人负责。

档案的查阅、借阅及批准权限

十二、机构工作人员如需查阅或者借阅资料必须事先提出申请，征得项目主任或机构主任的签字同意，方可借阅查询，档案管理人员需及时提供资料。同时档案管理人员应详细登记借阅人姓名、查阅日期、所查阅档案编号及借阅用途与归还时间。

十三、查阅或借阅者不得在档案上涂画、拆封、抽换，应保证档案完整。

档案保管年限及销毁

十四、档案保管期限

（一）服务类资料：十年。

（二）行政类资料：七年（但其中制度类资料永久保存）。

（三）图书类资料：永久。

十五、档案的销毁

以上档案资料按照档案保管期限表的规定，对已经超过保管期限的档案，由机构与督导共同协商，提出存、毁意见，然后报请机构主任签字，批准后进行处理。编制《×××社会工作服务社档案销毁清册》，列明销毁档案的名称、册数、起止年度、档案编号、应保管年限、已保管期限、销毁时间等内容。档案由档案管理人员负责销毁，同时应有机构主任指派人员负责监督销毁，在销毁清册上签名或盖章，并将销毁情况报告机构主任。

处罚

十六、未按本制度执行或违反本制度的，按照事态轻重，给予当事人记过、警告、开除等处分，造成经济损失的追究其经济责任。

附则

十七、本管理制度体系经机构全体工作人员通过并报机构理事会批准后生效，自公布之日起实施执行。

十八、其他未尽事宜按照国家有关法律、法规严格执行。

十九、本管理制度体系的解释权归×××社会工作服务社所有。

3.2

工作汇报制度

3.2.1 ×××社会工作服务社月／季／年工作汇报清单

主体分类		时限（交上一个月／季／年的材料）	需交材料	材料编号	交至单位
全体社工	个人（月度）	每月前两个工作日	社工月度工作情况统计表	NSWA-A-M-统计-002	上级督导和中心主任
			社工个案月报表	NSWA-A-M-统计-006	
			社工小组／活动月报表	NSWA-A-M-统计-007	
	个人（年度）	年初前五个工作日	社工个人年度工作汇报	NSWA-A-M-统计-004	
督导小组	督导助理（月度）	每月前五个工作日	督导组月度服务数据统计表	NSWA-A-M-统计-003	机构
	督导助理（每季度）	4月、7月、10月、次年1月的月初前五个工作日	督导组季度服务数据统计表	NSWA-A-M-统计-003	
	督导助理（年度）	每年1月10日前	督导组年度服务数据统计表	NSWA-A-M-统计-003	
社工服务中心	中心主任（月度）	每月前五个工作日	中心月度服务数据统计表	NSWA-A-M-统计-003	机构
	中心主任（季度）	4月、7月、10月、次年1月的10日前	×××社工服务中心季度工作汇报	NSWA-A-M-统计-005	
	中心主任（年度）	每年1月15日前	×××社工服务中心年度工作汇报	NSWA-A-M-统计-005	

3.2.2　×××社会工作服务社月／季／年工作汇报制度

为更好地落实机构各项工作任务和指标，实现专业化、数据化的服务管理，同时促进社工及时进行自我总结和工作反思，特制订此工作汇报制度。

一、个人工作汇报制度

（一）个人月度工作汇报：社工每月应及时详细填写《社工月度工作情况统计表》（表格编号：NSWA-A-M-统计-002）、《社工个案月报表》（表格编号：NSWA-A-M-统计-006）、《社工小组／活动月报表》（表格编号：NSWA-A-M-统计-007），并于次月月初前两个工作日内将其交给其上级督导及所在社区服务中心的中心主任。

（二）个人年度工作汇报：社工应根据当年的工作情况，及时详细填写《社工个人年度工作汇报》（表格编号：NSWA-A-M-统计-004），于次年年初前五个工作日内将其交给其上级督导及所在社区服务中心的中心主任。

二、督导组（岗位）汇报制度

（一）督导组月度工作汇报：各组督导助理应督促组员按时上

交《社工月度工作情况统计表》，及时将数据汇总并完成《督导组月度服务数据统计表》（表格编号：NSWA-A-M-统计-003），于次月月初前五个工作日内交至机构。

（二）督导组季度工作汇报：各组督导助理应于4月、7月、10月、次年1月的月初前五个工作日内，汇总组员工作情况及报表，完成《督导组季度服务数据统计表》（表格编号：NSWA-A-M-统计-003），交至机构。

（三）督导组年工作汇报：各组督导助理应于1月10日前，根据组员工作情况及报表汇总，做好上一年度的工作汇总，完成《督导组年度服务数据统计表》（表格编号：NSWA-A-M-统计-003），交至机构。

三、社工服务中心（项目）工作汇报制度

（一）中心月度工作汇报：各中心主任应督促中心成员按时上交《社工月度工作情况统计表》，及时将月份数据汇总并完成《中心月度服务数据统计表》（表格编号：NSWA-A-M-统计-003），于次月月初前五个工作日内交至机构。

（二）中心每季度工作汇报：各中心主任应于4月、7月、10月、次年1月的10日前，汇总中心成员工作情况及报表，及时制作《×××社工服务中心季度工作汇报》（表格编号：NSWA-A-M-统计-005），交至机构。

（三）中心年度工作汇报：各中心主任应于每年1月15日前，汇总中心成员工作情况及报表，及时制作《×××社工服务中心年度工作汇报》（表格编号：NSWA-A-M-统计-005），交至机构。

四、特殊情况说明及处理

（一）社工当月如有休假等情况未能及时填表，请提前与上级督导和中心主任沟通，并于事后及时补交。

（二）各社工应认真填写相应表格并于规定时间上交，上级督导和中心主任应做好督促工作。对无故不提交表格的社工，第一次给予“警告”，第二次则列入个人年度考评，情况严重的将被视为年度考评“不合格”。

3.2.3 社工月度工作情况统计表

（编号：NSWA-A-M-统计-002）

______年______月

一、社工工作内容

注：填报内容应包括：1. 中心、街道、社区相关工作情况（工作动态、工作进展）； 2. 工作中遇到困难和建议； 3. 工作反思和下月工作计划； 4. 督导、培训情况说明。

二、社工服务数据统计

<table>
<tr><td colspan="4">个案服务</td></tr>
<tr><td>承上月辅导个案（a）</td><td>个</td><td>本月新开启个案（b）</td><td>个</td></tr>
<tr><td>结案（c）</td><td>个</td><td>转出个案（d）</td><td>个</td></tr>
<tr><td colspan="2">本月结存个案（a+b-c-d=）</td><td colspan="2">个</td></tr>
<tr><td colspan="2">咨询个案</td><td colspan="2">个</td></tr>
<tr><td colspan="4">走访社区居民</td></tr>
<tr><td colspan="2">走访</td><td colspan="2">合计____人</td></tr>
<tr><td colspan="4">小组服务</td></tr>
<tr><td>小组新开启数量</td><td>个</td><td>小组开展节数</td><td>节</td></tr>
<tr><td>小组服务人次</td><td>人次</td><td>小组完成数量</td><td>个</td></tr>
<tr><td>社工参与角色</td><td colspan="3">主策划____个　　协助____个</td></tr>
<tr><td colspan="4">社区活动（服务人数200人以内的讲座、工作坊、康乐活动等）</td></tr>
<tr><td>活动场次</td><td colspan="2">服务人数</td><td>主策划 / 协助</td></tr>
</table>

（续上表）

<table>
<tr><td>合计____场</td><td colspan="2">合计____人</td><td>主__场　协__场</td></tr>
<tr><td colspan="4">大型活动（服务人数超过200人，一般为户外开展活动）</td></tr>
<tr><td>活动场次</td><td colspan="2">服务人数</td><td>主策划 / 协助</td></tr>
<tr><td>合计____场</td><td colspan="2">合计____人</td><td>主__场　协__场</td></tr>
<tr><td colspan="4">社工服务宣传（以社工宣传为主题，设点咨询、发放资料等活动）</td></tr>
<tr><td>活动场次</td><td colspan="2">服务人数</td><td>主策划 / 协助</td></tr>
<tr><td>合计____场</td><td colspan="2">合计____人</td><td>主__场　协__场</td></tr>
<tr><td colspan="4">社工义工联动活动（与义工组织合作开展的各类活动）</td></tr>
<tr><td>组织义工人次</td><td>合计____人次</td><td>服务时间</td><td>合计____小时</td></tr>
</table>

三、个人工作指标完成情况数据统计

截至____月____日，已完成社工年度工作指标：

辅导个案	个
咨询个案	个
家访、走访社区居民	家访__次；走访__次
小组	个
开展社区活动	场
大型活动	场
社工服务宣传	场

填 报 人：____________　　　　上级督导审核：____________

填报日期：____________　　　　审 核 日 期：____________

3.2.4 中心／督导组月度／季度／年度服务数据统计表

（编号：NSWA-A-M-统计-003）

____年____月（至____年____月）

一、中心／督导组服务数据统计

<table>
<tr><td colspan="4">个案服务</td></tr>
<tr><td>承上月 / 季 / 年辅导个案（a）</td><td>个</td><td>本月 / 季 / 年新开启个案（b）</td><td>个</td></tr>
<tr><td>结案（c）</td><td>个</td><td>转出个案（d）</td><td>个</td></tr>
<tr><td colspan="2">本月 / 季 / 年结存个案（a+b-c-d=）</td><td colspan="2">个</td></tr>
<tr><td colspan="2">咨询个案</td><td colspan="2">个</td></tr>
<tr><td colspan="4">走访社区居民</td></tr>
<tr><td colspan="2">走访</td><td colspan="2">合计____人</td></tr>
<tr><td colspan="4">小组服务</td></tr>
<tr><td>小组新开启数量</td><td>个</td><td>小组开展节数</td><td>节</td></tr>
<tr><td>小组服务人次</td><td>人次</td><td>小组完成数量</td><td>个</td></tr>
<tr><td colspan="4">社区活动（服务人数200人以内的讲座、工作坊、康乐活动等）</td></tr>
<tr><td>活动场次</td><td colspan="2">服务人数</td><td>主策划 / 协助</td></tr>
<tr><td>合计____场</td><td colspan="2">合计____人</td><td>主__场　协__场</td></tr>
<tr><td colspan="4">大型活动（服务人数超过200人，一般为户外开展活动）</td></tr>
<tr><td>活动场次</td><td colspan="2">服务人数</td><td>主策划 / 协助</td></tr>
<tr><td>合计____场</td><td colspan="2">合计____人</td><td>主__场　协__场</td></tr>
<tr><td colspan="4">社工服务宣传（以社工宣传为主题，设点咨询、发放资料等活动）</td></tr>
<tr><td>活动场次</td><td colspan="3">服务人数</td></tr>
<tr><td>合计____场</td><td colspan="3">合计____人</td></tr>
<tr><td colspan="4">社工义工联动活动（与义工组织合作开展的各类活动）</td></tr>
<tr><td>组织义工人次</td><td>合计____人次</td><td>服务时间</td><td>合计____小时</td></tr>
</table>

二、中心／督导组工作指标完成情况数据统计

截至____月____日，已完成社工年度工作指标：

辅导个案	个
咨询个案	个
家访、走访社区居民	家访____次；走访____次
小组	个
开展社区活动	场
大型活动	场
社工服务宣传	场

填 报 人：____________　　　　上级督导审核：____________

填报日期：____________　　　　审 核 日 期：____________

3.2.5 社工个人年度工作汇报

（编号：NSWA-A-M-统计-004）

一、社工年度服务数据统计

个案服务			
完成辅导个案	个	转出个案	个
完成咨询个案	个		
走访社区居民			
走访		合计____人	
小组服务			
小组开展数量	个	小组开展节数	节
小组服务人次	人次	小组完成数量	个
社工参与角色	主策划____个	协助____个	
社区活动（服务人数200人以内的讲座、工作坊、康乐活动等）			
活动场次	服务人数	主策划 / 协助	
合计____场	合计____人	主__场 协__场	
大型活动（服务人数超过200人，一般为户外开展活动）			
活动场次	服务人数	主策划 / 协助	
合计____场	合计____人	主__场 协__场	
社工服务宣传（以社工宣传为主题，设点咨询、发放资料等活动）			
活动场次	服务人数	主策划 / 协助	
合计____场	合计____人	主__场 协__场	
社工义工联动活动（与义工组织合作开展的各类活动）			
组织义工人次	合计____人次	服务时间	合计____小时

二、社工年度工作总结

社工撰写年度工作总结应包含以下几个方面：

（一）本年度工作情况陈述（结合工作指标内容及实际工作进行陈述）；

（二）工作成效评估及工作反思；

（三）工作中遇到困难及建议；

（四）本年度参加督导、培训的情况说明。

填 报 人：____________　　　上级督导审核：____________

填报日期：____________　　　审 核 日 期：____________

3.2.6 ×××社工服务中心季度／年度工作汇报

（编号：NSWA-A-M-统计-005）

____年____月（至____年____月）

一、社工服务数据统计

<table>
<tr><td colspan="4">个案服务</td></tr>
<tr><td>承上季／年辅导个案（a）</td><td>个</td><td>本季／年新开启个案（b）</td><td>个</td></tr>
<tr><td>结案（c）</td><td>个</td><td>转出个案（d）</td><td>个</td></tr>
<tr><td colspan="2">本季／年结存个案（a+b-c-d=）</td><td colspan="2">个</td></tr>
<tr><td colspan="2">咨询个案</td><td colspan="2">个</td></tr>
<tr><td colspan="4">走访社区居民</td></tr>
<tr><td colspan="2">走访</td><td colspan="2">合计____人</td></tr>
<tr><td colspan="4">小组服务</td></tr>
<tr><td>小组新开启数量</td><td>个</td><td>小组开展节数</td><td>节</td></tr>
<tr><td>小组服务人次</td><td>人次</td><td>小组完成数量</td><td>个</td></tr>
<tr><td colspan="4">社区活动（服务人数200人以内的讲座、工作坊、康乐活动等）</td></tr>
<tr><td colspan="2">活动场次</td><td colspan="2">服务人数</td></tr>
<tr><td colspan="2">合计____场</td><td colspan="2">合计____人</td></tr>
<tr><td colspan="4">大型活动（服务人数超过200人，一般为户外开展活动）</td></tr>
<tr><td colspan="2">活动场次</td><td colspan="2">服务人数</td></tr>
<tr><td colspan="2">合计____场</td><td colspan="2">合计____人</td></tr>
<tr><td colspan="4">社工服务宣传（以社工宣传为主题，设点咨询、发放资料等活动）</td></tr>
</table>

（续上表）

<table>
<tr><td colspan="2">活动场次</td><td colspan="2">服务人数</td></tr>
<tr><td colspan="2">合计____场</td><td colspan="2">合计____人</td></tr>
<tr><td colspan="4">社工义工联动活动（与义工组织合作开展的各类活动）</td></tr>
<tr><td>组织义工人次</td><td>合计____人次</td><td>服务时间</td><td>合计____小时</td></tr>
</table>

二、社工服务内容介绍及总结

（一）服务内容介绍及总结包括

1．每季／年度工作进展及跟进情况

（1）服务内容

（2）成效评估及工作反思

2．困难及建议

3．下一季／年度工作计划

（二）其他

各汇报小组可根据实际特点介绍相关工作内容，如：中心成员简介，社工心得，典型案例分享等。

三、汇报形式

请以图片加文字的形式展示服务内容（具体可包括服务开展的时间、地点，活动主题，参加人数，活动效果等）。

第4章 绩效考核制度

国内的社工服务，往往会有这样的情况：比较多元化的人事组成：一线社工／行政社工、一线社工／督导助理、专业本科／非专业本科、初级社工／中级社工；社工处于“多头管理”中等。因此，在考虑同事的绩效考核时，必须首先了解岗位／项目本身的实际情况，再考虑如何能透过考核，突出社工的专业价值。

因此，在设计年终绩效评估表时，分别设计了一份是供机构，用人单位和非一线社工使用的，另一份是供一线社工和督导助理使用的。也因为考虑到不同的评估主体，于是编订了《评估者注意事项》，让评估者对评估过程和要求有较统一的认识。

此外，《个人成长方案》则是贯穿社工全年的个人成长发展目标、年度工作计划及季度跟进情况。如在工作汇报制度一篇述，一个持续和定期的评估机制，对社工个人的成长，服务的质量保证和服务发展的开拓都是非常重要的。

2012年度社工工作评估方案

为全面了解×××社工服务社（以下简称机构）社工工作与成长情况，检视工作成效，挖掘社工潜能，提升社工服务能力，在《2011年度社工工作评估方案》的基础上，参考市、区等相关绩效考核制定情况，结合本机构的实际，完善行政和一线社工的评估制度，并增加督导助理的评估制度，制定本方案。

一、评估目的

1．评估社工工作表现。

2．发掘社工潜能，挖掘职业及培训需求，提升综合能力。

二、评估对象和范围

1．评估对象：机构所有员工，包括行政社工、一线社工和督导助理。

2．评估时间范围：2012年1月1日到2012年11月30日期间的工作表现；

3．接受评估的原则：在岗满3个月就需评估，此原则适用于以下情况：

3.1　新入职的满岗3个月但不足1年的社工；

3.2　被调岗社工，新老岗位均在岗3个月以上的都需评估，再算不同岗位分数的平均分；

3.3　休长假（超过15天）社工，在评估期间在岗满3个月的需在休假前评估。

三、评估时间

1．评估时间为2012年12月1日至12月15日；

2．例外情况：

如遇到下列情况，社工个人可向上级督导提出提前或延后申请，上级督导经评估后再向机构提出申请，得到机构同意后，上级督导组织评估工作。

2.1　15天及以上病假。社工可提出延后评估申请；

2.2　产假。社工需在得到机构同意休假前1个月提出提前评估申请；

2.3　经过机构批准的其他特殊情况。

四、评估内容

为了提升评估的客观度及帮助社工及时改善不足之处，此评估方案包括个人成长方案和绩效评估两部分。

1．个人成长方案

在评估前期，社工与上级督导商讨填写《2012年度个人成长方案》（见表格NSWA-A-M-考核-002），内容包括个人成长发展目标、年度工作计划和季度跟进情况。上级督导须与社工每季度定期跟进，并由社工记录需要跟进事宜。此部分不设立分值，但可作为社工年终绩效评估的依据。

2. 年终绩效评估

2.1　评估内容。根据社工不同工作内容与职能进行评估。其中，考察内容包括工作表现、人际关系与动力态度三个维度；一线社工增加专业技能与专业知识的考察；督导助理增加发挥督导助理功能等内容。有关评估表详见表格NSWA-A-M-考核-003及表格NSWA-A-M-考核-004。

	行政社工	一线社工	督导助理
工作表现	65分	65分	65分
工作态度	20分	20分	20分
人际关系	15分	15分	15分
专业技能	0	50分	50分
督导功能	0	0	50分
总分	100分	150分	200分

2.2　评估主体与分值。评估主体为机构、用人单位、社工自评和上级督导四方。其中，行政与一线社工的上级督导为督导助理；督导助理的上级督导为初级督导。社工若有两个或以上的用人单位可与机构协商选取一个用人单位进行评估。

为规范各评估主体的评估过程，特制定《评估者注意事项》（见表格NSWA-A-M-考核-005），各评估主体需要在评估前明确有关要求。下表列明各评估主体与分值，并特别列明香港督导撤离及未有初级督导的情况下，督导助理评估的主体与分值比例，原则是由机构、用人单位和社工自评平均分担上级督导的30%。

<table>
<tr><th colspan="2">评估主体
被评估者</th><th>机构</th><th>用人单位</th><th>自评</th><th>上级督导</th><th>总分</th></tr>
<tr><td colspan="2">行政社工</td><td>10%</td><td>20%</td><td>30%</td><td>40%</td><td>100%</td></tr>
<tr><td colspan="2">一线社工</td><td>20%</td><td>10%</td><td>30%</td><td>40%</td><td>100%</td></tr>
<tr><td rowspan="2">督导助理</td><td>无初级督导</td><td>30%</td><td>30%</td><td>40%</td><td>0</td><td>100%</td></tr>
<tr><td>有初级督导</td><td>20%</td><td>20%</td><td>30%</td><td>30%</td><td>100%</td></tr>
</table>

2.3　评分及计算方法。此次评估满分为100分。计算方法为：各评分主体的分数换算为百分数，再乘以各自的比例，最后相加即为总分。加分项累计最高不超过3分。

2.4　加分项

本绩效评估设有加分项，被考评社工需在个人自评部分直接填写，在机构认定后将加分加至总分。

2.4.1　获得市级以上（含市级）奖励的，加0.5分；

2.4.2　在市级以上（含市级）社会工作相关专业刊物上发表文章的，加0.5分；

2.4.3　在市培训中获得优秀个人的，加0.5分；

2.4.4　积极为市社工行业提出建议并被采纳的，加0.5分；

2.4.5　为机构做出特殊贡献而被机构认可的，加0.5分；

2.4.6　得到社工岗位领导嘉奖、同事好评或服务对象的认可，事迹突出的，加0.5分；

2.4.7　其他可加分项。

五、评估程序

（一）评估前期

1．机构向社工发布评估方案；

2．上级督导协助社工完成个人成长方案。行政和一线社工的2012年个人成长方案可由2012年个人年度计划代替；督导助理需在2012年9月前完成个人成长方案；

3．评估前半月机构向评估主体发布评估方案，特别提醒《评估者注意事项》（见表格NSWA-A-M-考核-005）。

（二）评估期间

1．季度个人成长方案跟进

上级督导与社工每3个月进行一次季度评估。季度评估将作为年终绩效评估的参考。

2．年终绩效评估

由机构统一组织，通过绩效评估表格（见表格NSWA-A-M-考核-003及表格NSWA-A-M-考核-004）来对社工进行考核。

各评估表格适用如下：

考评者 被评者	机构	用人单位	自评	上级督导
行政社工	NSWA-A-M-考核-003	NSWA-A-M-考核-003	NSWA-A-M-考核-003	NSWA-A-M-考核-003
一线社工	NSWA-A-M-考核-003	NSWA-A-M-考核-003	NSWA-A-M-考核-004	NSWA-A-M-考核-004
督导助理	NSWA-A-M-考核-003	NSWA-A-M-考核-003	NSWA-A-M-考核-004	NSWA-A-M-考核-004

（三）评估后期

1．评估结果

1.1　考评结果划分及处理。机构将评估分数分两档四个等级。其中，总分＜50的为考核不合格；总分≥50的为合格。

合格又分为三个等级，即优秀、良好、称职。对不同等级的处理依机构情况而定：

1.2　评估结果反馈。上级督导需将评估结果向所督导的社工进行反馈，确保被考评社工及用人单位了解结果。

1.3　对评估优秀的社工予以公示。

1.4　实施奖惩。对于评估优秀与良好的社工将予以奖励，评估不称职予以处罚。该评估结果将作为自聘社工个人晋升、评优的重要参考依据。

1.5　存档。评估表机构和社工各存档一份，并在下一年度跟进。

2．评估后培训安排。上级督导在进行季度评估与年终评估中收集社工的培训需求。上级督导需通过自办、引进外部优秀培训资源等方式加强对社工的培训，也可将培训需求反馈至机构，机构以此为依据制定培训方案，提升社工能力。

3．对拒绝评估的社工的处理

对于拒绝做评估的社工，均被评为不称职。

六、附件

1．2012年度个人成长方案（表格编号NSWA-A-M-考核-002）

2．2012年度社工年终绩效评估表（一）（表格编号NSWA-

A-M-考核-003）

3．2012年度社工年终绩效评估表（二）（表格编号NSWA-A-M-考核-004）

4．评估者注意事项（表格编号NSWA-A-M-考核-005）

5．2012评分计算表（表格编号NSWA-A-M-考核-006）

2012年度社工个人成长方案

（编号：NSWA-A-M-考核-002）

个人资料

姓　　名：＿＿＿＿＿＿　　职　　　级：＿＿＿＿＿＿

入职日期：＿＿＿＿＿＿　　用人单位名称：＿＿＿＿＿＿

时间范围：＿＿＿＿＿＿

填写说明：

1. 此方案适用于行政社工、一线社工和督导助理。

2. 各项目可包括发展优点（强项），改善短处（弱项）。

3. 本方案涵盖社工个人全面发展的范畴，个别范畴如专业知识和技能发展目标行政社工可选填。

一、个人成长发展目标

目标范畴	具体内容	帮助成长的具体行动
个人质素发展目标 对应“年终绩效评估表”的I（工作表现）、II（工作态度）、III（人际关系），即包含社交、性格、成熟度、思考理解能力等	*例子：提升与居民的关系，目标与50名居民有定期交往，获得认同*	*参加工作站的社区活动认识居民；举行活动时多与居民交流*
	1	
	2	
	3	
	4	

（续上表）

专业知识和技能发展目标 对应“年终绩效评估表”的IV（专业能力），即对专业的热忱、评估需要、服务效能、理论和前线技巧的提升等	*例子：提升小组带领技巧，如处理组员冲突，以目标为本进行小组*	*阅读冲突处理的专业知识；计划小组时要慎重分析需求、制定小组目的及内容，在下个小组尝试*
	1	
	2	
	3	
	4	
领导及执行力发展目标 对应“年终绩效评估表”的VI（督导能力），即组织、带领、指导、监察、汇报、总结、撰写报告等；（行政社工按情况填写这部分）	1	
	2	
	3	
	4	

二、年度工作计划

时间	内容（服务对象、服务目标、社区地点、工作形式、场次等）
举例	*以青工为服务对象，针对××社区开展与青工有关的工作，目标为提升其抗逆能力，提高对社工服务的认识度，目标是年底组成青工义工队*
3月和10月	*一年进行2次（4月和10月）社工宣传，4月的以走访社区／洗楼形式，与社区青年人访谈，了解需求，加入社工Q群，为活动招募；10月宣传待定*
全年	*为××社区青工群体开展工作坊（情绪管理、人际关系）、康乐活动等，双月进行，1年6次*
6—7月	*针对在工作坊招募的服务对象举行4节减压或人际交往小组活动*

（续上表）

时间	内容（服务对象、服务目标、社区地点、工作形式、场次等）
10—12月	*招募青工义工队，以小组形式进行义工培训，提升青工义工能力，义工可先协助中心工作，进一步协助策划义务活动*
全年	*透过工作坊、社区走访等接触潜在个案*

注：以上例子只供参考，社工填写时需删除有关内容。

社工签字：____________________　　　　　日期：________________

上级督导签字：________________　　　　　日期：________________

三、季度跟进情况

此部分于每季度上级督导和社工进行季度跟进面谈后由社工填写，填写后交予上级督导。

跟进日期	内容 （发展目标完成度、年度工作完成度、面对困难、解决方法等）	社工签字	上级督导签字

2012年度社工年终绩效评估表（一）

（编号：NSWA-A-M-考核-003）

个人资料

姓　　　名：__________　职　　　级：__________

入 职 日 期：__________　用人单位名称：__________

评估时间范围：__________

填写说明

1．适用于机构和用人单位对所有社工的评估及行政社工的自评；

2．表中1.12和1.13项用人单位可选填，机构会将分数折算为百分数，不影响总分；

3．评估者在各项相应分数下打“√”。

评定说明

优秀（5分）表现一直在预期水准之上

超出预期（4分）表现经常在预期水准之上

符合要求（3分）表现仅符合最起码的水准

低于预期（2分）表现确实有不足

不满意（1分）表现完全不能接受

Ⅰ. 工作表现

主要能力	5	4	3	2	1	备注
1.1　对机构的职务范围及内容的了解						
1.2　对用人单位的职务范围及内容的了解						
1.3　工作效率						
1.4　工作素质						
1.5　学习能力						
1.6　判断能力						
1.7　沟通与表达能力						
1.8　情绪调节能力						
1.9　创新及创意						
1.10　出席率及准时						
1.11　协作工作能力						
1.12　个人成长方案完成情况						用人单位可选填
1.13　工作指标数量完成情况						用人单位可选填

Ⅱ. 工作态度

主要能力	5	4	3	2	1	备注
2.1　责任感						
2.2　认真						
2.3　接纳他人意见与建议，继而吸收经验，改善不足						
2.4　积极性						

Ⅲ．人际关系

主要能力	5	4	3	2	1	备注
3.1　与同事的关系						
3.2　与上级的关系						
3.3　有效融入用人单位环境						

分数：____________

按百分比算分（只适用于用人单位）

按满分95分计算：总分÷0.95=____

按满分90分计算：总分÷0.90=____

VI．加分项（行政社工填写）

如有加分情况，请填写：

1．____

2．____

3．____

加分：______________________

总分：______________________

评估人签字：________________　　日期：________________

2012年度社工年终绩效评估表（二）

（编号：NSWA-A-M-考核-004）

个人资料

姓　　　名：__________　　职　　　级：__________

入 职 日 期：__________　　用人单位名称：__________

评估时间范围：__________

填写说明

1. 适用于对一线社工／督导助理的自评以及上级督导填写；

2. 一线社工填写Ⅰ—Ⅳ部分；督导助理填写Ⅰ—Ⅶ部分；

3. 评估者在各项相应分数下打“√”。

评定说明

优秀（5分）表现一直在预期水准之上

超出预期（4分）表现经常在预期水准之上

符合要求（3分）表现仅符合最起码的水准

低于预期（2分）表现确实有不足

不满意（1分）表现完全不能接受

Ⅰ. 工作表现

主要能力	5	4	3	2	1	备注
1.1 对机构的职务范围及内容的了解						
1.2 对用人单位的职务范围及内容的了解						
1.3 工作效率						
1.4 工作素质						
1.5 学习能力						
1.6 判断能力						
1.7 沟通与表达能力						
1.8 情绪调节能力						
1.9 创新及创意						
1.10 出席率及准时						
1.11 协作工作能力						
1.12 个人成长方案完成情况						
1.13 工作指标数量完成情况						

Ⅱ. 工作态度

主要能力	5	4	3	2	1	备注
2.1 责任感						
2.2 认真						
2.3 接纳他人意见与建议，继而吸收经验，改善不足						
2.4 积极性						

Ⅲ. 人际关系

主要能力	5	4	3	2	1	备注
3.1 与同事的关系						
3.2 与上级的关系						
3.3 有效的融入用人单位环境						

Ⅳ. 专业技能

主要能力	5	4	3	2	1	备注
4.1 对专业之热忱						
4.2 遵行保密原则						
4.3 分析服务需求能力						
4.4 工作计划及组织能力						
4.5 执行能力 （有计划地开展工作，有效运用专业技巧）						
4.6 评估能力 （能有效地进行过程、总结及成效评估）						
4.7 与服务对象的关系						
4.8 工作指标完成质量						
4.9 专业知识及相关服务的社会政策熟悉度						
4.10 积极参加培训活动，并将学到的知识运用到实际工作中						

V．督导功能

1．教育功能

主要能力	5	4	3	2	1	备注
5.1.1　与社工分享自己的理论知识和实务工作经验						
5.1.2　协助机构对新社工进行入职教育，培养其专业价值感，提高工作技能						
5.1.3　给予社工必要的专业支持和引导						

2．支持方面

主要能力	5	4	3	2	1	备注
5.2.1　定期与社工交流沟通，了解其情绪状况及工作中的困难						
5.2.2　协助社工与机构或用人单位交流，协助其寻找资源						
5.2.3　社工之间在合作中出现困难时，积极促进社工之间的沟通和协调，提高团队凝聚力						

3．行政方面

主要能力	5	4	3	2	1	备注
5.3.1　完善社工及团队的年度工作计划，推进服务开展及其他协调性工作						
5.3.2　规范团队内的工作程序及分工，监督社工职业操守						
5.3.3　收集、整理社工的服务记录及其他工作报告，按时递交予机构						
5.3.4　收集、整理社工意见，提交机构并将反馈意见及时传达给社工						

分数：____________

按百分比算总分：

一线社工：总分÷1.5=____

督导助理：总分÷2.0=____

VI．加分项（一线社工／督导助理填写）

如有加分情况，请填写：

1．______________________________

2．______________________________

3．______________________________

加分：__________

总分：__________

评估人签字：________________ 日期：________________

评估者注意事项

（编号：NSWA-A-M-考核-005）

1．评估者依据事实评估，避免以偏概全，即因一件好的或者坏的事情影响到整体表现；也避免最近的事情影响到整体表现。

2．如各评分主体的评估分数出现较大出入，机构可要求各评估主体重新评估，并对最终结果保留解释权。

3．只评估社工的工作表现，避免因社工缺乏经验、健康问题、个人问题等影响到整体评估。

4．机构对督导助理的评估除平时工作表现外，还可参考督导助理提交相关工作表格、督导助理会议的表现等。

5．机构对行政／一线社工的评估可参考督导助理对行政／一线社工的评分及督导助理所提交的相关工作表格。

6．为能使各评分主体标准统一，评估分值统一取整数值，仅精确到个位。

7．关于用人单位的界定：如工作地点在社区工作站，用人单位填写人可为工作站站长或街道负责人；如工作地点在街道或区相关科室，用人单位填写人可为科室领导；如工作地点在社工／社区服务中心，用人单位填写人可为街道负责人。

8．填写完评估表后，有以下安排：

8.1　用人单位：于5个工作日内完成评估；将评估表放进信封并密封，通过上级督导交由机构评估负责人，一并算分。

8.2　机构：机构填写妥当后交予评估负责人。

8.3　社工：填写后密封交予上级督导。

8.4　上级督导：填写后密封，与社工自评表一起交回机构。

8.5　机构：评估负责人算出各评估主体的分数，并将分数划分为四个等级。

2012年评分计算表

（编号：NSWA-A-M-考核-006）

非一线社工评分计算

序号	社工姓名	评分主体与加权比例（得分按100分填写）								加分项	加权后总得分
		机构		用人单位		社工自评		上级督导			
		10%		20%		30%		40%			
		得分	加权后得分	得分	加权后得分	得分	加权后得分	得分	加权后得分		
1	×××	80	8	88	17.6	89	26.7	85	28.9	0.5	81.7
2	×××	75	7.5	86	17.2	88	26.4	75	25.5	0	76.6
3	×××	70	7	80	16	86	25.8	70	23.8	2	74.6
4	×××	80	8	79	15.8	80	24	80	27.2	1	76
5	×××	95	9.5	91	18.2	79	23.7	95	32.3	0	83.7
6	×××	88	8.8	85	17	91	27.3	88	29.92	0	83.02
7	×××	86	8.6	75	15	75	22.5	86	29.24	0	75.34
8	×××	80	8	70	14	70	21	80	27.2	0	70.2
9	×××	79	7.9	80	16	80	24	79	26.86	0.5	75.26
10	×××	91	9.1	95	19	95	28.5	91	30.94	1	88.54

一线社工评分计算

序号	社工姓名	评分主体与加权比例（得分按100分填写）								加分项	加权后总得分
		机构		用人单位		社工自评		上级督导			
		20%		10%		30%		40%			
		得分	加权后得分	得分	加权后得分	得分	加权后得分	得分	加权后得分		
1	×××	80	16	88	8.8	89	26.7	85	34	0.5	86
2	×××	75	15	86	8.6	88	26.4	75	30	0	80
3	×××	70	14	80	8	86	25.8	70	28	2	77.8
4	×××	80	16	79	7.9	80	24	80	32	1	80.9
5	×××	95	19	91	9.1	79	23.7	95	38	0	89.8
6	×××	88	17.6	85	8.5	91	27.3	88	35.2	0	88.6
7	×××	86	17.2	75	7.5	75	22.5	86	34.4	0	81.6
8	×××	80	16	70	7	70	21	80	32	0	76
9	×××	79	15.8	80	8	80	24	79	31.6	0.5	79.9
10	×××	91	18.2	95	9.5	95	28.5	91	36.4	1	93.6

督导助理评分计算

序号	社工姓名	评分主体与加权比例（得分按100分填写）								加分项	加权后总得分
		机构		用人单位		社工自评		上级督导			
		20%		20%		30%		30%			
		得分	加权后得分	得分	加权后得分	得分	加权后得分	得分	加权后得分		
1	×××	80	16	88	17.6	89	26.7	85	25.5	0.5	86.3
2	×××	75	15	86	17.2	88	26.4	75	22.5	0	81.1
3	×××	70	14	80	16	86	25.8	70	21	2	78.8
4	×××	80	16	79	15.8	80	24	80	24	1	80.8
5	×××	95	19	91	18.2	79	23.7	95	28.5	0	89.4
6	×××	88	17.6	85	17	91	27.3	88	26.4	0	88.3
7	×××	86	17.2	75	15	75	22.5	86	25.8	0	80.5
8	×××	80	16	70	14	70	21	80	24	0	75
9	×××	79	15.8	80	16	80	24	79	23.7	0.5	80
10	×××	91	18.2	95	19	95	28.5	91	27.3	1	94

督导助理评分计算

序号	社工姓名	评分主体与加权比例（得分按100分填写）								加分项	加权后总得分
		机构		用人单位		社工自评		上级督导			
		30%		30%		40%		0%			
		得分	加权后得分	得分	加权后得分	得分	加权后得分	得分	加权后得分		
1	×××	80	24	88	26.4	89	35.6	0	0	0.5	86.5
2	×××	75	22.5	86	25.8	88	35.2	0	0	0	83.5
3	×××	70	21	80	24	86	34.4	0	0	2	81.4
4	×××	80	24	79	23.7	80	32	0	0	1	80.7
5	×××	95	28.5	91	27.3	79	31.6	0	0	0	87.4
6	×××	88	26.4	85	25.5	91	36.4	0	0	0	88.3
7	×××	86	25.8	75	22.5	75	30	0	0	0	78.3
8	×××	80	24	70	21	70	28	0	0	0	73
9	×××	79	23.7	80	24	80	32	0	0	0.5	80.2
10	×××	91	27.3	95	28.5	95	38	0	0	1	94.8

第5章

社工实践心得

本章的十篇文章出自南山区社会工作协会的十位督导助理之手，他们都是从2007年起一直在南山的社区工作到今天的同事。五年来，无论是集体的同侪督导、团队建设，还是个人的相互倾诉、互听心声，他们和南山社协的其余社工一起，建立了极其深厚的感情。这份感情里，有信任、有包容、有理解、有支持，更有对专业的热爱、对理想的执着。他们始终相信，只要大家一起努力，一直坚持，社会工作的专业理想终将实现。

工欲善其事　必先利其器

□督导助理　龚自珍

有人认为个案工作是一种效率非常低的工作，因为它每次只能服务一个或若干个对象，而且需要多次才能看出成效。还有人认为个案工作是最耗费心力的工作，因为它要求社工全身心地投入，边听边想，边想边说，边说边观察，在每次接触服务对象之后还有大量的文字记录工作。

但只有经历过的社工才会感到，个案工作所带来的成就感，也是其他工作难以比拟的。一个成功的辅导个案能给服务对象带来的，不只是十几个小时的陪伴、引导、交流，更可能使他修正旧的观念、突破原有的思维模式、获得更高的自我发展。此外，服务对象的改善还会影响一系列人的喜怒哀乐，父母、伴侣、子女、亲友、同事，每个人都将从他身上感受到正面的力量，而不像过去，曾为他的苦恼而负累。

正因为个案工作对人的影响是如此深远和微妙，它对社工的专业要求也是如此之高。

相信每一位社工都曾为第一次独立承接个案工作感到忐忑不安，服务对象是什么样的人，他的问题是否棘手，我该怎样帮助他，诸如此类的困惑，也曾经让我们很困扰。初次见面，在双手空空，毫无准备的情况下，我们很容易被服务对象主导，跟着对方的话题走，常常几个小时下来感到筋疲力尽，但收获甚微。而通过《首次咨询记录》，我们可以按图索骥，掌握主导权，在较短时间内完成搜集必要信息——描述个案背景——初步判断危机程度这几个重要环节。

在正式接案之后，社工需要进一步了解服务对象，但督导建议我们不要急于直奔主题，服务对象的心理和生理状态往往也十分需要关注。此时，《服务对象行为量表评估》可以帮助我们更好地判断潜在的危机因素。这个表格的使用需要一定的沟通技巧，它的问题更适合在家常的谈话中试探性地抛出来，以免引起服务对象的抗拒。

至此，如果双方建立了良好的信任关系，服务对象会开始向社工进行大量的倾诉。这个阶段的重要任务是帮助服务对象整理自己的问题，判断轻重缓急。这是一个艰难的过程，如果只在口头上交流，难免顾此失彼，有所遗漏。因此，我们准备了《服务使用者问题评估量表》，让社工与服务对象厘清和协商要处理的问题，并一一了解每个问题当下的困扰程度。这样既可以有效地协助社工和服务对象理清头绪，也可以记录下前测数据，以便服务结束后进行后测。

随后，社工可以针对服务对象协商要处理的问题，填写《问题分析及对策》，运用专业知识分析服务对象的需求及采用什么手法措施去帮助服务对象。

当以上程序顺利完成之后，接下来的工作就可以按计划依次展开了。所谓“工欲善其事，必先利其器”，一套合理的表格就像一件得心应手的工具，能帮助我们以清晰的逻辑应对未知的难题。

五年来，我们越来越深入的思考过程，也许看不见，但问题分析表格（NSWA-S-C-005）却能体现；我们越来越沉淀的耐心，也许摸不到，但服务过程记录表（NSWA-S-C-006）却能体现；我们渐渐增长的信心，也许难以测量，但是服务评估表（NSWA-S-C-008）可以体现。这样来看，你会发现，表格不仅可以帮助我们工作，还可以呈现我们的工作。

但这套表格还远远不能让每个人都满意。截至出版前夕，我们对于其中一些部分的争论都没有完全平息。但我们不得不承认，这世上也许并没有一套完美的表格，可以适用所有的个案情形，又不增加多余的负担。我们所能做的，唯有在目前的经验基础上尽力而为。

在刚开始使用这套表格的过程中，你可能会觉得不适应，这是正常的。我们建议，在熟悉“使用指引”的基础上，社工还可以加上一点灵活性和一点个人理解。毕竟，每个服务对象都是独特的，每位社工也是独特的。我们相信对于一个有经验的社工来说，并不会感到“没有内容可填”的困扰，因为表格所能记录的内容，还远远不够描述社工在真实工作中所付出的心血。

将来，我们也乐于见到这套表格得到更新和发展，因为表格是被人所设计，用来记录服务于人的工作，必将跟随着人的发展而进步。希望每一位有个案工作经验的社工，都能为社工专业用表的日渐完善提出自己的意见。

作者简介：

龚自珍，女，毕业于华中师范大学，获得社会学、心理学双学士学位，中级社工师，督导助理。2012年起担任南山区南山社工服务中心主任。有五年的个案工作经验，以婚姻关系咨询见长，同时擅长义工管理与项目策划。

小组工作中的专业与细腻

□督导助理　胡桃

作为深圳社区社工的先锋队，五年的基层社区工作扎实了专业理论基础，充实了社会实践经验，提升了专业技能和技巧，促使我们在实践中不断反思与完善小组社会工作的专业化和细腻性。

小组工作，必须具备专业社会工作知识方可完成，是真正体现社工专业性的社工工作方法。从专业理论的学习和以往的经验来看，开展一个小组，从前期计划，到中期活动，再到后期总结和跟进，每一项工作都需要专业理论的指导和详尽的计划，同时要做好各种困难的预计和应对。这所有工作的背后，处处体现着我们社工的专业与细腻。在制订小组工作相关用表的过程中，我更加深刻地体会了小组工作的涵义，反思自我工作中存在的优点和不足，使表格更加规范而实用。

一个成熟而完善的小组，主要包括了准备期、初期、中期、后期和结束期等五个阶段。开展一个小组，首先要做好需求评估，了解居民的需求和参与度，明确小组目标，然后选择小组类型，讨论小组主题，制订小组计划，确定小组开展的时间地点，最后进行成员招募，协调社区资源，准备小组所需物资，开展小组活动。比如成员的招募，方式就是多种多样的，除了传统的张贴海报和派发活动单张之外，还可以与管理处、其他驻社区单位、社区文化队伍等合作，寻找社区领袖参与宣传，通过社区工作人员联系以往活动参加者，利用微博等新兴网络媒体的宣传等等。

2011年大运会期间，为了更好地满足老年志愿者在U站提供英语服务，做好东道主，我开展了老年人学英语小组，教学组员简单英语口语，以应对外国友人的咨询，不仅满足了老年志愿者的需求，人员招募也比较容易。老年组员在每节小组中认真学习英语，刚开始比较拘谨，不好意思读出声，我鼓励他们从一个个单词练习，慢慢再练习句子。将组员进行组合，发音准确的指导稍稍欠缺的组员，让他们分组比赛。慢慢地，大家逐渐能读出声来，发音准确的组员能给大家示范，8节小组，每节都有特定的主题。在小组结束后，组员在参加志愿服务时面对外国友人不怯场、更自信，能解答简单的问路咨询，遇到不会的问题，就会立刻跟我联系。从他们的讲解中，能明显感到他们自信心的提高，是对社会有用的人，能为大运贡献自己的绵薄之力。

完成前期准备工作，就进入小组的灵魂阶段——程序的安排设计，也就是小组的初期、中期和后期整个活动过程。社工要根据服务对象和设定的目标来设计小组每个环节的内容，内容不能是独立的个体，要与主题环环相扣，并具有延续性，循序渐进地促进小组目标的实现，达到小组预期目的。在小组进行过程中，社工扮演了诸如领导者、组织者、观察者、引导者、协助者、资源提供者等不同的角色，既要做好活动开始前的通知工作，活动时小组成员的点名统计工作，还要根据活动过程中成员的情绪、表现和突发情况调整活动的设计，引导小组结构重组，更好地促进小组目标实现。社工要完整详实地记录活动内容和细节，在参与活动的过程中挖掘自身的优势，明确自身的缺点，增加信任，促进合作，提升专业技能，积累专业经验。以我的实际工作来说，不同的服务群体，程序设计也是不同的，各种困难的应对措施亦不同。我在社区主要开展的是老年人工作，小组的主体对象是老年人，根据需求评估情况也开展妇女、青少年小组。不同的对象有不同的需求，确定小组目标，设计小组活动内容时要更加细致地考虑对象的特点和需求，比如青少年活动常用的“大风吹”破冰游戏便不适合老年小组活动的开展。在小组活动过程中，也要根据对象的特点掌握小组的进程，如老年人自主性较高，自己发掘偏离小组目标的主题，社工要及时引导成员回归主题，控制小组进程；而青少年比较容易注意力不集中，社工要设计与小组目标一致的青少年感兴趣的游戏，制定小组条约，规范组员正常参加活动。这些工作不仅需要社工的专业知识积累和服务技巧，也需要细腻的观察，详尽的记录，全面的考量，周到的服务。

最后小组结束时，要保持组员的小组经验，协助组员认识分离情绪，及时请组员填写活动意见反馈表，并结合小组过程中社工的观察记录，完成小组的成效评估。社工也要开展自我总结和反思，从每一个细节考量小组的完成度，总结经验和教训，提高实务能力。

开展一期小组工作，一般4—6节，所需时间不长，但却需要付出足够的时间和精力。成熟的小组工作，并不是拿着计划书纸上谈兵，而是在专业理论的指导下，完成活动的可操作性和实用性。如何将所学理论和实践更好的结合，如何制定计划书和设计更有吸引力的活动环节，如何协调各种资源，如何招募成员，如何带领小组实现目标，如何做好活动的各种记录，如何做好活动评估，都不是只靠专业理论的支持就可以完成的，更需要社工细腻的心思和全面的思考，在活动过程中事无巨细地考虑各个环节，发现并解决问题，反思与总结，积累实践工作经验。

作者简介：

胡桃，女，毕业于武汉理工大学社会工作专业，中级社工师，督导助理。2012年起担任南山区粤海社工服务中心主任。在实务领域专注社区社会工作，有5年的一线工作经验，尤其擅长对长者群体的服务。

专业起步　调研先行

□督导助理　王会娟

时光荏苒，岁月如梭。5年前，我们踌躇满志地加入了这个新兴起步、带有专业助人光环的社工行业；5年后，我们依然此情不改，坚守着繁华都市里的几处心灵驿站，从一个初出茅庐、口拙胆怯的新手，蜕变成一个熟知人脉、八面玲珑的“老江湖”。如今的我们已能将社区的情况娓娓道来，充分利用各种资源开展活动，但这份成长却不是轻松得来，而是结结实实花费了无数时间累积的成果。我们希望能将这份心路历程分享出来，给大家作为借鉴。

身为一名社工，最大的尴尬莫过于社区不了解自己，自己不了解社区。如何摆脱这种窘境？如何开拓新局面？当时的我们作为深圳第一批社工，毫无前路可循，也没有香港督导给予指点，只有群力群策，自己想办法应对。经过多次讨论，我们打算从社区调研入手。

这是到社区后交的第一份作业。当时是以桃源街道为起点，率先收集整理社区资料，形成了一份百余页的调研报告，并提出时间银行等义工管理理念。这是一份沉甸甸的社区资源答卷。查了多少份社区资料，访谈了哪些人，已记不清。但5年后再看这份东西，仍感觉激动和热血沸腾。它给了我们力量，让我们在通往专业的殿堂之路变得务实；它指引了方向，让我们不再茫然。如果要赋予它一定的意义，这样的赞誉绝不为过。它是我们进入社区的敲门砖，它能够让我们最快速熟悉社区人文结构，最快速掌握潜在服务对象，它是我们与社区、与服务对象建立初始关系的桥梁。

大学四年的专业训练，调研报告的目标设立、结构定位以及撰写难不倒社工人。这里简单列举我们的做法，是抛砖引玉，仅供大家参考。

为确保能够顺利调研，不走冤枉路，我们从宏观的角度出发，对调研报告进行整体梳理，按照流程将其分成三阶段。

阶段一，确立调研目标，初步了解概况形成调研提纲。我们给调研报告订立了三个目标：1. 整体了解社区基本概况，包括社区的地域（面积、人口、住房等）、文化（饮食、语言、民俗等）、结构（年龄、收入、性别比例等）；2. 全面盘点社团服务状况，考察社区所有的社会服务资源，如：社区工作站或者居委会、社会组织（老年协会、计生协会、文体协会等）、商业圈等；3. 客观分析不同群体特征，对潜在服务对象的情况进行整理汇编，对象涵盖：残疾人、老年人（尤其是80岁及以上高龄老人）、青少年、单亲家庭、失业人员等。

阶段二，深度挖掘收集资料，采用访谈、问卷、走访、探访等不同形式获取较完备信息。资料收集需要花费多番功夫。面对社区长达10米的资料柜，很难下手。如何高效地从中检索出社工需要的专业资料，这是首先摆在我们面前的一个现实问题。据总结，每个社区工作站或居委会都有一个类似管家角色的骨干，一般（最好）是副主任、副站长或者文书，找到他也就找到打开社区资料库的捷径，资料收集会事半功倍。当然这也不是放在所有社区皆准的真理。我们还可以通过社区各支文体队伍的领队、社区领袖、社区威望人士等获得更多有价值的信息资源。也许收集资料不会顺风顺水，会遭遇不解、白眼和不待见，这都很正常，天下没有免费午餐，请社工们务必保有一颗无比强大的心脏。

阶段三，客观分析撰写报告。整理分析资料形成报告是最后一环，也是最关键一环。务必明确调研报告最终目的是指导社区社工拟定可行性服务方案。我们必须以第一手调研资料为依据，深入进行需求分析，拟定合理方案，选定可行性方案，避免盲目偏重、重复开辟、疏漏部分服务领域。

建议在社工服务方案方面遵循三个原则：

1．整体上把握服务资源。社区的每个单位，大到企业、医院，小到个人，都是一个资源库。对资源进行有效梳理和分类：可利用、可共享、可开发等，坚持利用原有资源，共享公益资源，开发新资源。形成多方联动格局，最大限度发挥社工整合资源的能力。

2．嵌入式服务定位。对提供社会服务的团体或组织进行全面分析，采用优势视角，分析特色和优点；采用对比手法指出缺点和不足，将社工服务“满足需求，突出专业，弥补不足”的特点嵌入到原有服务体制中。

3．支持性发展框架。服务方案应与社区整体发展保持一致，社工服务是社区服务的一部分，它面向的是社区的弱势群体，我们需要通过用“生命影响生命”方式，建立多元群体支持性框架，推动社区整体发展。

当然调研报告形成之后，不是说就可以高枕无忧，万事大吉了。这只是一个开始，检验真理唯一的标准在于实践。在具体的服务过程中也需要不断调整，不断完善。在反复修订中增加服务经验和实践能力。

综上，社区需求调研报告是社区社工职业中不可或缺的一部分，尤其对新社工而言。做好社区调研，是开展社工专业服务的起步。起步走好了，专业也就不远了。希望以上内容能够为社工提供参考。有不对之处，敬请斧正。

作者简介：

王会娟，女，毕业于东北师范大学社会学专业，中级社工师，督导助理。蛇口街道社区服务中心主任。从事社区领域社工服务五年，成功运作了“四点半课堂”、“阳光助残”等多个社区品牌服务项目。因工作成绩突出，先后荣获2010年南山区优秀团干、2011年南山区三八红旗手、2011年深圳市优秀共产党员、2011年深圳市社工之星金星奖、2011年全国街道社会工作模范、2012年深圳市文明（道德）市民、2012年深圳市优秀共产党员等多项荣誉。深圳市南山区人大代表。

用文字磨砺专业　以档案见证成长

□督导助理　唐钺

做社工以来，不断听到有同事抱怨：为什么要填这个表啊？为什么这里要写这么详细？这个能不能不写了？有些同事表达更为直接：我喜欢面谈，喜欢做活动，但好怕写什么理念和反思啊！我真讨厌这些表格，讨厌这些要写的东西！

最初，我也一见表格就发愁，每次结束面谈或做完活动，都抱着“说不定督导不会看，那我就不用写了”的侥幸心理，将文字工作一拖再拖。但现在，我会主动在第一时间完成这些记录，生怕一耽搁又遗忘了什么看似细小却很重要的东西。之所以有这样的转变，是因为亲身经历的几件事。

第一件，是在某次社区活动结束后，社区工作站的专干问我：“区政府老说你们是专业人才，跟我们不一样。但你们今天搞的这个活动，我们也做啊，好多管理处也能做，有什么专不专业的？”

第二件，是街道领导想了解社工都做了些什么。我说得兴高采烈，领导却只问我：“你说的这些，我觉得没什么难度，到处都在做，你们不断重复彼此的工作，意义在哪里呢？你们有带给社区什么实质性的改变吗？”在领导话音落下的一瞬间，我感觉自己像只落汤鸡。

第三件，是伴随几位同事的离职，我们前三年的工作突然就变得无迹可寻了。每次需要相关资料，我们都费尽波折，还不一定能有结果。曾总结出的经验，曾获得过的荣誉，都不知从何寻起；甚至连曾经熟悉的服务对象，都无法再取得联系。

这三件事，真实反映出我们规范专业表格运用并建立健全档案管理制度的重要性和必要性。

社会工作，之所以能成为一门专业，在于有自己的价值观、伦理守则、理论体系和工作方法。我们开展实务的每一环节，都应对此有所体现。以开展社区活动为例，从做计划开始，我们就应从这几个方面来进行考量。如果只关注活动内容和形式，忽视理念和目的，就会如专干所说，没什么两样。表格恰好可以帮助我们整理思路，将工作的专业性体现出来，同时可避免顾此失彼，甚至本末倒置。

与政府部门组织的社区活动相比，我们的专业性更多体现在后续评估与跟进。我们的工作不是为了锦上添花、一时热闹，而是为了解决问题并推动社区的自主发展。专业表格给出了指引，告诉我们应该从哪些方面去反省活动实施过程中存在的不足、去思考下一步的工作目标、去调整不恰当的工作方向，这样后续工作才能有的放矢，得以更好地开展。

社会工作的开展需要连续性，对刚刚起步的内地社会工作而言，更是如此。我们要尽可能留住现有的服务对象，并借助他们将服务推广，进一步得到社会的认可。所以，相关档案的保存，就显得尤为重要。但档案管理的意义绝不仅限于此，作为专业工作的一部分，它可促进我们不断反思，让我们得以改进提升；作为过往工作的资料库，它可促进彼此间的交流与学习，更是我们一步步成长的见证。此外，档案管理还有一个非常重要的作用——保护作用。这种保护是三方面的，保护社工、社工机构和服务对象。也许很多人尚未遭遇被投诉、被媒体曝光、因工作过失导致法律责任等职业风险，但它们是随时可能发生的。这时，专业工作记录和档案，便是社工本人及其机构最为重要的保护凭证。档案的严格管理，也可保护服务对象的隐私不受侵犯，这也正是我们坚守专业伦理的体现。

所以，不要怕文字档案工作，这是我们专业必不可少的部分。当你养成记录的习惯，就会感觉其实它们既不难也不烦；当你翻阅每一份档案，就可以看到服务对象逐渐蜕变的过程，看到你的工作带给居民们一点一滴的改变；当你回顾一段时间内的全部记录，就会欣喜发现自己的成长和进步，令你为之骄傲。

一直记得中学老师赠我的一句话："坚持记录，文字会将你的思想磨砺得更深刻。"在此借花献佛，送给各位同工，让我们一起用文字磨砺专业，以档案见证成长。

作者简介：

唐钺，女，毕业于陕西师范大学应用心理学专业，助理社工师，二级心理咨询师。2012年起任南山区南头社工服务中心主任。有5年的一线服务经验，擅长信访社会工作与家庭辅导。多次荣获南山区信访工作先进工作者、南山区优秀义工、优秀团干等称号。

笃定成就梦想　总结装点历程

□督导助理　刘丽

2007年，“社会工作”以一个新生事物的崭新姿态出现在深圳。因为这样的机缘巧合，大学社会工作专业刚毕业的我来到了深圳南山社协，有机会展开了我的社工旅程，实现从社会工作理论到实践的深刻转变。刚刚毕业的自己，懵懵懂懂又初生牛犊不怕虎，对社工事业充满着热情和理想，甚至幻想自己将成为一名行侠仗义、除暴安良的“女侠客”。当现实的打击让自己不断重复考虑更多现实问题时，“女侠客”开始变成自卑的胆小鬼。我们几乎没有任何实践经验，不知道自己的能力在哪，也没有人告诉自己所做的是对是错。只能在他人的“高期望”中继续前行，虽然感到困惑，但又不得不硬着头皮走下去。

在最初做社工的那两年，我们同事之间讨论商量，尝试运用个案、小组和社区等工作手法，参考香港社工活动资料，小心翼翼开展服务。即使这样，我们认真努力后最大的感触还是：没底气。在社工理论与实务经验都相对匮乏的时候，我们并没有足够的能力和经验去开展社工专业服务。如何体现服务的专业性？我们有来自香港经验的各种专业表格，如个案记录、小组、社区计划书、总结报告、评估表等。对它们最初的印象只是我们需要填写这些表以显示我们的“专业性”，对于表格设计安排的目的和意义的认知寥寥无几。我们照抄照搬一些“舶来品”性质的表格，用得也无比“艰辛”。很多时候我们不能理解工作表格的涵义就不能准确进行填写。于是我们每个人都开始了“闻表格色变”的日子。我们可以认真接个案，欣然组织策划开展各类活动，做工作记录写总结的时候却是一拖再拖。

正因为这样，新的问题也随之产生。一年过半或者一年结束的时候，我们会被问：“这半年（一年）来，你都做了什么？有什么效果？”明明忙碌的我们，瞬间却头脑空白，需要时间回忆整理，掰着指头一个个清算。忙了一年半载，却没有一个明确的工作记录可以清楚地向他人展示，让自己检视整年的服务成果。当要交“成绩单”的时候，显得被动而又尴尬。

我们常听到一句话：“要善于总结。”来深五年，对这句话的感触更加深刻。工作中我们拼尽全力，尽可能争取数量上的成绩，有了很多实践锻炼的机会，但是也越来越缺乏总结，往往没有通过总结进行专业上的反思。

所以工作汇报统计表格的产生，对于社工个人而言显得十分必要。因为社工需要专业表格记录服务内容，检讨服务成效；同时也需要定期对自己的工作开展情况进行汇总统计，向上级督导和机构进行定期汇报；社工个人考核得以顺利进行，统计表格成为重要的评价标准之一。而对于上级督导和机构、用人单位而言，由于社工被分派在不同岗位，就需要一种工作机制能准确及时了解到一个社工、一个督导小组以及一个社工服务中心的近期工作内容和工作计划，并以此为参照标准，进行实际考虑。

这次，为南山社协一线社工的工作发展需要，本人有幸跟其他几位香港督导和督导助理一起参与了部分社工专业工作用表的编辑整理工作。主要包括：社工及社工督导小组和社工中心月度、季度和年度工作汇报类表格。在这过程中，对于如何从借鉴香港经验到结合自身工作实际，设计更为适合本土社工使用的工作表格，也是我们本次制定新的工作表格需要共同面对的重点问题。我们的主要目的有三个：1．规范社工行业内用表，建立统一规范模式；2．方便一线社工上级督导及用人单位直观了解到每位社工的日常工作动态，及时快捷地进行汇总工作；3．作为社工年终工作考核的一项重要汇报记录凭证。

基于以上考虑，我们在表格的设计上参考了一些社工机构的工作统计用表之后，更注意表格的原创性，并将表格的实际内容紧紧围绕机构考核内容和在职社工的具体工作情况。在汇报形式上兼顾一线社工和行政社工的工作内容，力求汇报表格精简明了，又具有使用价值。经过小组团队的共同商量和策划，以及香港督导的修正建议，工作汇报表格目前已经完成并由各组督导助理协助推进表格的使用和推广。

表格的产生并不是一蹴而就的，仍需要我们在工作中不断改进和优化。在表格的前期试用阶段，我们仍能发现不足，并进行调整和修改。这也正如我们社工的发展，从无到有，从知之甚少到努力学习借鉴，再到善于总结经验并注重结合自身实际特点形成自己的特色，在不断求变中得到发展。

作者简介：

刘丽，女，毕业于武汉理工大学社会工作专业，中级社工师，被确定为2013年深圳市初级督导，2012年起任南山区西丽社工服务中心主任。有超过5年的社区社会工作服务经验。实务中擅长小组与社区活动，其负责的《单亲也精彩——阳光妈妈支持小组》案例，荣获2010年度深圳社会工作优秀案例银星奖；撰写的《社会工作专业视角下的反家庭暴力介入方法》，在广东省妇联组织的“两性和谐　让家庭远离暴力”网络问策征文活动中荣获二等奖。

规范数据管理　精细专业服务

□督导助理　李小锋

社工的助人活动，从单一的岗位化服务逐渐发展到如今的项目化、综合化服务，政府也大力推进社区服务的发展，深圳市社区服务“十二五”规划总体目标为社工专业发展做出了短期目标的指引，同时也为社工的蓬勃发展提供社会环境支持。

在过去的基层社区工作实践中，整体环境的限制，社工的各项管理制度不健全，以及岗位变动性的影响，某种程度上影响了工作成效。比如专业服务数据的统计和工作档案的管理，之前大部分社工在自己的岗位上埋头做了不少社工专业工作，但因开展的个案、小组和社区活动没有统一的规范表格，缺乏详尽的过程记录和数据统计，很难形成数据汇总和工作简报。社工管理层面也缺乏系统的考核和工作指标，以至于在资料存档和绩效考核评估方面存在诸多不足和困难，不利于社工的自我反思与成长，社工工作没有明显的成果体现。同时，社区或是其他工作部门的上级主管领导很少有社工专业背景，无法在专业规范方面给予指导，将一般社区工作与专业社会工作混淆，导致社区社工行政化严重，影响到社工自身的专业发展。所以，工作档案制度的不完善，很大程度上影响了社工实践能力的提升。

这几年，社工专业的发展在摸索中艰难前行，社工机构管理层根据多年的专业理论指导，结合实践工作经验和社工本土化情况，综合考量规定社工的工作指标和规范工作档案管理制度。规定社工每年的工作指标，定时向相关的管理者汇报工作情况，保证社工在岗在职实现专业发展。而督导作为社工专业发展中重要的一环，监督指导社工每月每季的工作进度，促进社工的个人成长和专业能力的提升。

在5年的工作实践中，更加深刻地体会到做好详尽记录的专业性和重要性。因社工个人、社工服务中心和督导小组不同的工作情况和内容，我们编写组的成员通过多次讨论和反复修改，针对这些群体的一般化和个别化，制定了每月、季、年数据统计表，季度简报以及年度简报用表。相对于原来的档案管理混乱情况，这套表格详细地记录了社工开展各项专业服务的数据统计，任务指标的完成情况一目了然。比如个人统计用表和中心数据统计用表能更清晰地展示服务数据；督导组的每月、每季和每年数据统计表和季报年报，能使上级督导更有效跟进一线社工的服务进展情况，及时跟进服务指标的完成情况。除此之外，还制定了相关的配套制度，规定了每月、季度和年度数据统计和简报撰写的格式和完成时间，有效保证了服务档案管理的及时性和正规化。

这些工作表格的规范和档案管理制度的制定，不仅规范了档案资料管理工作，更方便社工的自我总结、反思和成长，同时也使社工机构管理者更有效地监督一线社工的服务进展情况，及时了解实际工作中的困难和建议，处理社工在工作中出现的个人情绪和专业服务问题，跟进服务指标的完成情况，实现社工工作的有效评估与考核。

路漫漫其修远兮，吾将上下而求索。5年前，深圳率先打响了专业社工发展的第一炮，5年里社工队伍不断壮大，人员素质不断提高，专业规范不断加强。深圳出台的社区服务建设“十二五”规划，进一步明确了社工建设的重要性，为社工发展提供了有利的大环境。在这种有利情况下，我们要不断加强自身内部软环境的建设和提升，而专业的服务和档案管理尤为重要。只有夯实基础，加强规范管理，才能更好地完成服务成效评估，提供更优质的专业服务，也只有做好内外兼修，才能更好地推动专业发展。

作者简介：

李小锋，男，毕业于东北师范大学社会学专业，中级社工师，督导助理。深圳首批注册社工，实务领域擅长个案辅导与小组活动，长期从事劳务工的心理干预与服务。

在总结中提高　在计划中成长

□督导助理　王琳

年度工作总结汇报通常是从业者对一年来的工作进行总结和分析，从中找出经验、检讨得失、分析原因并提出针对性建议，以指导今后工作实践的一种应用材料。一般年度总结与年度计划相结合，既总结过往的得失，也通过结合该年工作的经验教训，来明确今后的努力方向，写出对下一年工作的打算。

社工行业对于从业人员在总结与评估这一方面的要求更高。所提供的服务的质和量，取得了哪些成果，收到了什么效果等，这些是社工工作的主要内容，需要较多事实和数据，完善的汇报制度也因此应运而生。小到社工个人，大到社工机构，乃至行业协会，都需要各类总结材料来规范行业及个人的专业发展。既促进各级从业人员之间的沟通联结，也促进行业的管理和整体发展。

另一方面，年度计划对于专业社工的要求就更为具体，尤其是对工作了一段时间，对服务的岗位有着更深刻、直接认识的社工，更需要有时间段、有计划性地制定满足服务对象需求的年度计划，并在实践中做到不断修订、补充和完善。

作为南山社协的一名社工，5年来服务于不同的社区和岗位。每年都会尝试根据不同社区特点、不同岗位情况来撰写年度工作汇报。长期从事一线社工的自己，对撰写工作汇报深有体会。开始的时候抓不住重点，计划也往往不够科学。在督导指导以及有了制度的指引后，年度的汇报便更加精炼和有针对性。在担任督导助理之后，也常常需要针对街道社工中心的发展，讨论撰写长短期计划和工作的总结汇报。这些定期的工作汇报可以保证中心发展有明确的方向，并让成员向着目标努力，便于达成中心的发展任务和目标。而此次有幸参与南山社工工作表格的编写，在过程中结合了个人及香港督导的经验，并听取一线社工意见，通过编写团队的多次讨论修改，最终由本人编写完成了《社工个人年度工作汇报》的工作表格。

与社工个人直接相关的包括“每月”及“每年”的汇报材料。起初，每个编写人员结合自身理解分别制定了不同表格，但为了将“每月”和“每年”二者整体保持一致并合理过渡，最终讨论融合成相似的表格。社工每月服务数据可以不断叠加成年度的数据，保证了过程控制和整体的连贯性。另外，在文字性的总结及计划部分，只是给予了必要的框架指引，保证社工有较大的灵活性，避免影响社工的主动发挥。

另外，为了定期收集社工的服务数据，有效监督同事的工作进度，工作小组同时参与编写《南山区社会工作协会（月/季/年）工作汇报制度》。在编写过程中，我们将一线社工和行政社工统一为通用的表格。虽然行政社工从事一线服务的机会较少，在个案、小组、活动等方面数据有所欠缺，但是经过编写成员的讨论及与机构的沟通，最终决定他们仍需填写整个表格，以督促行政社工尽其所能兼顾更多的一线服务，来保障队伍整体的专业质素和服务质量。

结合南山社工的督导指导模式和中心运作模式，我们将表格的汇总整理划分成督导助理和中心主任两条线。未来使用该表的人也可以根据实际情况适当增减主体。该表格最终确定以每月、每季度、每年分别填写并上交，保证上下级之间的有效沟通。同时也给予督导助理和中心主任一定的灵活度，便于更有效的管理和服务。

这套表格是专业化的实践与不断修正的成果，为了不限制社工的总结和反思，我们给填表人留了可以主观描述的空间，每一个使用该表的机构及个人都可以根据工作的实际特点及需求适当增减，我们也非常乐意看到这些表格在使用者手中得到不断完善和发展。

作者简介：

王琳，男，毕业于吉林师范大学心理学专业，中级社工师，心理咨询员，督导助理。有5年一线实务经验，擅长的服务领域为社区精神残障人士的康复及青少年群体、亲子关系等。

以绩效管理为支点 撬动社工与机构发展

□督导助理　王淑娟

在做机构的绩效考核制度之前，我学过一点人力资源管理的制度，也看过一些公司的考核制度。本以为有这些基础，这次做机构优化绩效管理制度会比较顺手。初步设想不过是将机构原有的制度简单结合机构发展情况稍微修改即可。然而在一开始，香港督导就要我们多方收集资料来增强客观性，以保证我们所做制度要经得起同事的质疑，要赢得机构和社工的认同。

在收集资料的过程中，曾问过其他机构的社工他们机构绩效管理做得如何，听到的似乎是抱怨远多于认可。多数社工认为评估不过是走过场，对自己和机构的成长和发展并未起到实质作用。之前理所当然的简单似乎受到了现实的挑战，甚至开始担心，我们所做的制度是否也会得到类似的评价。于是，我收起了当初的盲目自信，严谨而认真地投入到这项有挑战性的工作中。随着工作的逐步展开，小组成员的讨论也逐渐深入。我们都开始认真思考，机构推行绩效的目的是什么及真正好的绩效管理应该是怎样的。这次我们试图找出这一答案并透过细节来体现。

在之前我接触过的大部分绩效管理制度多是由评估主体填写考核表，机构以考核结果为依据进行奖惩。这种在国内较常用的绩效管理方法主要体现了“评估性”，即由上级评估下级，较注重评估表现，以此奖惩后就较少跟进。这种评估模式下的被评者感觉像是有人在头上挥舞着大棒，被催促着往前赶。随着现代管理思维的变革，管理者们更加关注人的发展，注重人力资源策划，晋升与生涯规划，培训与发展。这种强调员工“发展性”的绩效管理思维，注重以平等沟通、尊重、以人为本的思维挖掘潜能、发展能力。在这种评估模式下，被评者知道自己的目的地以及如何去，并相信在这个过程中有人陪伴和支持。

社会工作是“以生命影响生命”的职业，倡导助人自助、尊重、接纳等价值观。社工机构的管理者更应实践“发展性”的绩效管理思维来实现员工发展。而事实上，在社工发展的初级阶段，某些社工机构尚且连“评估性”的绩效管理都未能较好地做到，更何论以绩效促发展。然而从机构的长远发展来看，这却十分必要。因此从管理新思维、社会工作价值观及现实的角度，都要求社工机构推行基于“发展性”的绩效管理。

在优化本机构的制度时，我们小组成员阅读了大量理论性的文献资料。我们试图通过一个系统来体现这个制度。在认真讨论后，我们都认同绩效管理是由绩效策划、监察与教导、评估、回馈和改善四阶段组成的系统。因此我尝试用系统的方法重点分阶段说明我们基于“发展性”所设计的程序。

绩效策划就是制定目标的过程。上级督导需要与社工就未来一年的绩效目标及实施目标的时期、责任和方法进行坦诚的沟通，来制定了《个人成长方案》。发展目标可发展优点亦可改善短处；以“SMART”原则（即具体的、可衡量的、可达到的、可行的、有时限的）制定出年度计划，讨论可能遇到的困难以及可能获得的支持。目标制定后不实施和跟进，不过是纸上谈兵，因此我们设定了下一个程序。

绩效监察与教导即监察被评估社工是否按照绩效计划去执行。在《个人成长方案》中我们设计了“季度跟进”，即上级督导获取社工绩效信息，不断与社工跟进其绩效，对社工的绩效作出认可，并提供协助和支持。季度跟进，一是为平时工作提供方向性指引；二是检查计划跟进情况，协助社工处理工作中遇到的问题，给予社工最大的支持；三是避免年终评估时才发现问题，为时已晚的情况。监察和教导着重的是平时的跟进，但阶段性的工作完结后（如半年或者一年）需要系统性的评估。

评估阶段重点体现出“评估性”，但在考核中亦体现“发展性”，即衡量被评社工的绩效及其优劣点，表达彼此间的期望，得悉培训及发展需要，借此激励员工在未来能有更优异的绩效。年终的评估表内容与考核方案的加分项都明确了机构期望社工发展的能力，这些内容也与《个人成长方案》实现了较好的对接。季度跟进的方案与年终评估时，上级督导会收集社工的培训需求，通过自办、引进外部培训资源、机构自筹等方式加强对社工的培训以提升能力。评估的作用是为了发展长处，改善不足，这就需要绩效的回馈。

绩效回馈和改善阶段需制定出良好的绩效改善和发展计划。上级督导需要在评估后与社工进行绩效面谈。面谈时对社工本年度的成长给予肯定，并制定双方可接受、有时限的、可行的绩效改善计划。

优化完这个制度，我们小组成员对绩效管理有了更深刻的认识。对于我来说，发展性的绩效管理带给我更多新的反思。机构推行绩效管理的目的，除了实现以监察表现并实施奖惩的“评估性”功能外，更有发掘潜能、增强能力、自我增值的“发展性”功能。好的绩效管理应是两者的有机结合。而事实上两者也是密不可分的。我们之所以重点强调“发展性”，更多是期望能引起社工行业的重视。我们期望社工机构以绩效管理为支点，以最宝贵的人力资源为杠杆提供优质服务，提升机构品牌，实现社工与机构的共同成长，撬动整个行业的发展。

作者简介：

王淑娟，女，2007年毕业于东北师范大学社会学系，中级社工师、二级心理咨询师、被确定为2013年初级督导，先后担任南山区西丽社工服务中心主任、南山区社会工作协会服务总监等职。兼任深圳市社会工作者协会理事，有超过5年的一线工作经验，特别专注于社区社会工作及对劳务工群体的帮扶。其负责的“爱心驿站”项目获媒体的广泛报道，项目所在社区获得2010年“最具爱心社区”。

交流与合作　社工发展的必经之路

□督导助理　杨巧玲

接到南山社会工作协会制定社工考核制度的任务时，我本以为只要在之前的考核方案及表格基础上稍微改动即可，但与负责本组的香港督导谈话后，原来的想法被彻底推翻了。督导建议我们，要想完善社工考核内容，需要寻找尽量多的考核依据和考核标准作为参考。因此，我重新整理了自己的想法，怀着谦虚和谨慎的心态开始进行资料搜集工作。

凭着多年来在社工界累积的人脉关系，我即刻开始联系深圳的其他社工机构的同事、朋友，希望可以获取更多资料，参考各机构考核机制方面的内容。结果却大大出人意料，我无一例外地被拒绝了，拒绝理由基本一致：考核制度属于机构核心机密，不能外泄。

对于这样的结果，我也只能无奈接受。诚然，我可以理解各机构核心内容的机密性，考核制度的确有它的特殊性，对外保密本来是无可厚非的。可是，在行业内部，尤其对于社会工作这样一个新兴行业来说，内部交流和相互支持是非常重要的。“核心机密”这几个字无疑在各机构之间形成了无形的鸿沟，阻碍了各机构之间的合作，妨碍了各社工机构之间的沟通。机密是应该保密，可是应该如何保密？对谁保密？保密的界限在哪里？保密是否是绝对的？其实，我们是否可以留出一些协商的空间呢？例如，在不损害机构利益的前提下，在有利于整个行业共同进步的前提下，考虑增加内部制度的相互交流。我们可以共同协商找出一个平衡点，这样既能保证各社工机构独立发展，又能促进社工之间的交流与合作，使各机构的部分优势资源可以共享，推动社工行业的发展。

南山社工自2007年成立，经历了5年的时间，遇到过困难，也作出了成绩，在困难中前行。目前，交流与合作必然成为社工发展的方向。可现实却是交流不畅，合作有限。如此的形势，对社工行业在深圳的发展形成了严重的障碍。我深切地期望所有的社工机构在自我发展完善的同时，承担起机构内部社工晋升机制的完善工作，承担起促进社会工作行业交流与合作的发展的职责，承担起推动社工行业发展的重任。

在一次南山社协组织的“个案技巧介入”培训中，授课的香港督导播放了一段台湾社工工作的视频。视频让我印象深刻，深深感动。感动的不仅仅是社工充满热情的工作，给予弱势群体的帮助，更重要的是社工可以联系到的资源以及各部门之间的有效合作。在视频中，社会工作者和社工机构、医院、公安机关形成了良好的合作关系，每一例棘手的案件可以在各部门的配合与协作下顺利解决。透过视频，我开始反思专业资源的共享对社工行业发展的重要性。前人已经为我们展露出其他地区社工协作发展的现实，深圳也必将经历这样的时代，我深切期盼着这一天的到来，甚至来得更早一点。

写这篇文章，思量了很久，既担心用字不妥，造成各社工机构的误解，也担心词不达意，不能够表现出写本文的初衷。此文写得战战兢兢，希冀能够引起读者共鸣，得到同行认同，为了社工行业的持续发展，共同合作作出努力。本书虽为南山社会工作协会社工共同出版的图书，但表达了我们资源共享的心意，让我们共同找到一个平衡点，既合理地保守了机构的机密，又有效地共享了资源，实现社工界的交流与合作，推动社工事业的发展。

作者简介：

杨巧玲，女，毕业于兰州商学院社会工作专业，助理社工师，督导助理。2012年起任南山区蛇口社工服务中心主任。2007年开始从事社区社会工作，擅长社区服务项目的策划与管理。

把握成长方案的契机
找准自我成长方向

□督导助理　黄蓉

2007年挥手告别了母校，带着对社会工作理论的认知，我走向了社工实践的道路。理论很死板，运用却灵活。如何将理论运用于实践，我面临了诸多的问题和考验。经过5年工作的历练，我常常想着自己是否已经成长到很高阶段了？总是反思自己社工实务能力是否加强了？社工理论是否运用自如了？深入开展工作中还有哪些需要改进和提高的地方？以上种种让自己抓不住主线，模棱两可，找不准方向。

社工个人的成长关乎服务质量的提升，也关乎社工行业队伍的壮大，因此尤为重要。很多人用考核指标衡量个人任务是否实现，目标是否完成；用绩效评估评定个人是否达到要求，是否表现良好。其实不尽然，因为指标毕竟是死的，是一堆任务的累积，是一摞数据的综合，不能具体体现社工个人成长的阶段，不能明确展示社工进步的空间，不能有效表现社工成长的主动性和目标性。为了弥补其中的不足，抗衡指标的一个方式便是个人成长方案。督导带领我们设计和制定《个人成长方案》，希望留更多的空间给社工自身，尊重社工的个人发展的自我意识，尊重社工对自身的发展规划和历程，充分体现了“尊重”和“自主性”。

从成长方案的内容中，能充分发挥个人的主动性。方案分几步走，先有计划，再有目标，还有行动，最后是跟进情况、困难及解决。制定年度工作计划，为自己全年工作开展订立一个方案和目标。在一定的框架下如何制定，怎样才能符合自身的情况，都是需要自己结合实际完成的。填写个人成长目标，需要社工深入思考，在几个发展目标中，自己以何为突破点，自身想要在哪些方面有所提升，自己想要通过什么途径来提升各方面的能力，以及自己选择以何种方式完成目标等。这些都需要社工主动去挖掘，自己发展的方向，自己制定和把握。最后考虑到有了计划，有了目标和方向，同时还需有成长的延续和发展，以及对目标实现的检验，因此最后的季度跟进情况也就必不可少。季度跟进情况可以说是成果的检验，以及成长的评估，这也是运用了社工专业理论中的评估内容来检验我们的成效。因此整个成长方案也就具有其独特的意义，充分展示了自身成长的主动性和方向性。

为了验证成长方案的可行性，我们进行了试填工作，在试填过程中既看到希望，也倍感压力。从填写中，能够对每个细节进行深入思考，能够看到自己清晰的目标，能够具有自动完成目标的愿望和动力。同时也害怕计划赶不上变化，人的主观能动性和客观存在发生冲突而无法完成目标，感到成长的压力。其实这些反映也很正常，从矛盾冲突中反射出方案的魅力，方案也将各个因素考虑进去，尽可能以开放的空间让我们填写和反思。因此，充分把握成长方案的契机，从方案中，你能够很好地发挥自主性，找到目标和方向，实行自我飞跃。

最后，我很喜欢列夫·托尔斯泰曾说过的“人生的价值，并不是用时间，而是用深度去衡量的”。或许我们正在社工成长的道路上亲身体验着这句话的内涵。

作者简介：

黄蓉，女，毕业于华南农业大学社会工作专业，中级社工师，督导助理。2012年起任南山区民政社工服务站主任。5年来致力于社区社会工作领域的服务，曾获“全国社区社会工作之星”和“深圳市南山区招商街道优秀社工”等荣誉称号。